황혼의 여명

정기용 지음

圖書出版 修書院

이 도서의 국립중앙도서관 출판시 도서목록(CIP)은 서지정보유통지원시스템 홈페이지(http://seoji.nl.go.kr)와 국가자료공동목록시스템(http://www.nl.go.kr/kolisnet)에서 이용하실 수 있습니다(CIP제어번호 : CIP2018009147).

팔순기념 문집을 내면서

팔순을 맞으면서 필자의 지난날을 돌아본다.

일제 식민시대에 가난한 농부의 아들로 태어나 보호 받지 못한 굶주림의 가정생활로 필자는 유년시절을 보냈다.

그 후 광복과 더불어 무정부 상태의 시대상황을 맞았다. 그 당시 태어난 우리 세대는 정부수립과 국권이 제대로 서지 않은 시기일 때 학교에 입학하여 6·25전란 속에서 제대로 배우지도 못했다.

필자의 친구 중에는 외길 인생을 걸어 출세하고, 고도(高度)승진을 하여 여유로운 삶을 가졌지만, 나는 교직을 떠나 만고풍상(萬古風霜)을 겪으며 힘든 청년시절을 보냈다. 하는 일마다 실패하고 시험마다 낙방했지만, 다시 복직하여 인생 중반을 살아왔다. 그 당시 여생을 좀 더 값지고 무언가 생산적인 일을 해야겠다고 마음먹고 있을 때, 필자는 정부의 강요에 의해 퇴직하고 말았다.

나이 60에 퇴직한 후, 10여 년을 역사에 관심을 갖고 과거와 미래를 이어가는 고리로써 조상들의 생애(生涯)와 사상(思想), 학문(學文)과 예술적(藝術的) 업적(業績)들을 찾기 시작하였다. 조상의 업적들은 현재를 비춰주는 거울이요, 미래를 밝혀주는 등불이 된다는 집념으로 전국을 답사하며 유적을 돌아보고 문헌을 찾아 고희기념으로 세 권의 '역사이야기 책'을 출간하였다.

필자가 고희를 맞으면서 문학에 심취(心醉)되어 수필이라는 장르에 빠져 수필집 두 권을 내고, 동인지 「광나루」 문집 제10집을 출간하며 나의 인생 11년을 보냈다. 늦은 나이에 마음의 정서를 순화하고자 책을 읽으며 소재를 찾아 삶의 진실을 수필에 담아보니 한결 마음이 가뻔하고 기쁨마저 솟는다.

수필은 삶의 체험을 진솔하게 표현하여 독자에게 감동을 주며 살아가는 의미를 깨닫게 한다. 팔순을 맞은 황혼인생에 이처럼 값진 일이 어디에 있으랴싶다. 삶이란 즐기며 산다고 했다. 그간 필자는 즐기기보다는 많은 고뇌를 갖고 후회하며 살아온 날들이 많다. 하지만 팔순을 맞은 올해를 기점으로 생이 다하는 날까지 아름다운 희망을 가져보리라 다짐한다.

지난날의 허무와 공허 속에 보람찬 생애를 맛보지 못했기에, 앞으로는 알찬 생각과 삶으로 보람있는 날들을 보내자고 마음 먹는다.

유수 같은 세월이라더니 필자 나이 벌써 팔순에 들어서 황혼의 인생을 맞게 되어 수필 제목을 「황혼의 여명」이라 붙여보았다.

이제 남과 더불어 살면서 인생을 즐기며 봉사하고, 베풀면서 사는 삶이 값진 의미가 있다고 사려(思慮)해 본다.

늦은 나이지만 이제부터라도 남을 먼저 생각하며, 나의 이익보다는 국가를 먼저 생각하는 마음이 보람있게 사는 삶이요, 황혼의 여명이라 추념(追念)해 본다.

필자는 가정환경이나 가족력 때문인지는 모르나 우리 집안이 단명했기에 칠십을 못 넘긴다고 생각되어 항시 건강에 힘써 왔다.

이제 사는 날까지 뜻있는 일을 하고 건강하게 살자고 마음먹으며 기도 제목으로 건강(健康), 희망(希望), 지혜(知慧)의 세 단어를 마음에 담아본다.

필자는 아침에 일어나 남은 생애를 건강하게 살면서 내일을 바라보는 희망 속에 지혜롭게 살아가게 해달라고 기도한다.

내 생애가 언제까지 이어질 지는 모르겠으나 사는 날까지 마음을 비우고 즐겁게 살자고 결심하며 지금까지 살아온 삶에 감사하는 마음이다.

아마 마지막이 될지도 모르는 수필집을 출간하며, 그래도 희망을 가지고 문학의 길을 가게 해준 수필가 박도영 선생께 감사함을 느끼며, 이 책을 만들기에 힘써 주신 손광춘 사장에게도 고마움을 전한다.

차 례

제1부 사계절 마당

제2부 사색의 정원

제3부 달래강이 흐르는 내고향

제4부 분단된 조국을 생각하며

제5부 건강과 소망

제6부 유적을 찾아서

제7부 문학관을 돌아보고

제8부 학교 근무일지

제9부 만남과 인연

부 록

출판 작품의 서문

동인지 광나루문학과 달섬문학 인사말

제1부 사계절 마당

봄·여름·가을·겨울의 찬미(讚美)

봄을 맞는 마음에 희망이 솟는다.

눈을 감고 하늘을 향해 소리쳐본다. 바람이 스칠 때마다 산비탈 진달래의 꽃망울이 터지는 소리가 들리는 듯하다. 철로 위에 아지랑이 피어오르고 들판의 종달새 지저귀며 하늘에는 구름 한 조각 무심히 떠있다. 계곡의 살얼음 틈새로 흐르는 맑은 물, 아기의 솜털처럼 부드러운 봄의 기운으로 투박한 흙을 뚫고 손을 내미는 새싹과 잔디며 그 위를 뛰노는 아이들의 풍경 등.

나는 이런 봄의 싱그러움에 가슴 설레며 희망의 봄을 맞이한다. 이른 봄 자연의 아름다움을 풍만하게 보여주는 노랑꽃이 나약한 내 마음을 한층 부풀게 한다.

삼색의 노랑은 왕성한 생명력과 풍요한 생산력, 그리고 생식력 등의 표상이기도 하지만, 가장 으뜸으로 삼는 뜻은 농경민족의 상징색이기 때문이다. 자연 속에서 가장 먼저 피는 꽃이 산수유이고, 들판에서 아름다움을 자아내는 꽃이 유채꽃이다. 또한 울안에서 가장 먼저 봄을 알려주는 꽃이 개나리로 모두가 노랗다.

지난겨울 묵은 때를 벗고 나비 등을 타고 오는 춘삼월이 되면 누구나 희망과 그리움을 갈망하면서 봄을 애타게 기다리는지도 모른다. 여하튼 봄은 여러 조건으로 생활의 활력소를 주기에 부족함이 없는 정서를 품고 있다는 생각마저 든다.

여름에는 넉넉한 일조량으로 땅 위의 생물들은 기를 받아 반짝이며 온통 초록물결로 일렁인다. 온 누리를 가득 채운 녹색의 향연은 보기에도 좋다. 여름 나무에 짙은 강풍이 몰아치면 가지가 뒤틀리며 격한 몸부림을 치지만, 뜨거운 햇살을 가장 반기는 것도 여름 나무다. 그 시기의 나무는 하늘의 지배자 못지않게 땅의 정복자가 되려고 한다. 가만히 늘어서 있기만 하던 잎사귀도 요동친다. 그러다가 바람이 갠 다음날 아침이면 조용히 흐르는 햇살 속에 나뭇잎이 하나 하나 또렷하게 제 모습을 드러내어 짙은 향을 풍긴다.

나는 8월생으로 더위를 잘 타지 않는다. 그러기에 만물이 왕성하고 생동감이 넘치는 여름철은 활동하기에 가장 좋은 계절이라고 생각한다. 뜨거운 햇살로 자연을 달구는가 하면 쏟아지는 소나기에 갈증을 해소시키는 대자연의 변화를 가장 실감나게 연출하는 여름, 식물의 급성장을 도우는 여름, 나는 이런 계절을 무척 동경하며 산다.

한여름을 바삐 보내고 난 뒤 다가오는 계절, 가을은 황금물결로 일렁인다. 가느다란 줄기 따라 힘겹게 꽃을 매달고 가을바람에 한들거리는 코스모스를 보노라면 아름답기도 하지만 애잔한 생각이 든다. 일년생 꽃이라 겨울이 곧 오면 단명의 운명을 감수해야 하는 그

숙명 속에 세월의 덧없음을 느끼며 계절의 쓸쓸함이 든다.

바바리코트 깃을 세우고 낙엽 쌓인 오솔길을 걸으며 조락의 계절을 맛보지만 한껏 아름답게 치장한 단풍나무만큼이나 화려한 인생의 황혼기를 맞이하며 곱고 우아하게 늙고 싶다는 생각이 든다.

떨어지는 나뭇잎에도 무게가 있을 만큼 보람찬 일을 하며 독서를 즐기고, 한 권의 책을 만들기에 열심히 노력해야겠다고 다짐한다. 삶에서 때로는 스트레스도 받겠지만 올해는 꼭 무엇인가 이루겠다는 뿌듯함으로 천고마비의 계절을 그려본다.

거대한 숲의 나무를 보면 마치 수많은 군중의 집단처럼 보인다. 빨간 나무는 몸을 뜨겁게 태워주고 노랑나무는 가슴에 시원스럽게 스며든다. 아직도 여름 그대로의 초록색은 서늘함을 준다.

낙엽 탓인지는 모르겠으나 보편적으로 가을은 쓸쓸하다고 노래한다. 하지만 결실의 계절이기에 온갖 먹거리를 인간에게 제공하는 가을은 그야말로 완성의 계절이다. 나는 앞으로 가을을 맞을 때마다 조락의 계절이라 서글퍼하기보다는 풍요의 계절로 그간의 아쉬움에서 벗어나 보리라 다짐한다.

겨울은 한 해를 마감하는 계절이다. 적막한 겨울날, 앙상한 나뭇가지 사이로 거칠 것 없이 비쳐오는 햇볕을 받으며 눈 위를 걸을 때가 많다. 잎 하나 없는 겨울의 낙엽수는 제각기 특유의 골격과 수령을 지니고 제 나름대로 본모습을 보여준다. 지금의 고통 속에 내일의 희망을 준비하고 하루하루 다가오는 봄날을 의심 없이 믿고 기다리는 겨울나무는 볼수록 믿음직하고 멋지다. 눈 쌓인 언덕 벌거벗은 나무 사이로 거니는 멋은 황혼의 끝자락에서 마냥 즐겁기만 하다. 추위에 방치된 듯한 들판과 산자락에 앙상한 모습으로 서 있는 가로수를 바라보며 매서운 추위 속에 파르르 떨고 있는 자태를 보노라면 문득 나의 어린 시절 눈길을 걸으며 영하의 추위에 나섰던 1·4후퇴 피난 시절이 떠오른다.

혹한 추위에 실오라기 하나 걸치지 않는 나목은 비록 감정이 없는 식물일지라도 쓸쓸한 연민의 정을 금할 수가 없다. 나는 앙상한 나뭇가지를 통해 지난날의 공허와 고독을 되씹어 보기도 한다.

그러나 한 발 물러서서 다시 잎과 꽃이 피는 무성한 날의 꿈을 꾸어보며 더욱 싱싱한 생명의 줄기를 뿜어내고 있는 강인한 의지를 느껴보기도 한다. 어찌 보면 누구나 생각하는 그런 감정일지도 모르지만 우리 모두 항상 봄·여름·가을·겨울 등 한 해를 사랑하는 마음으로 바라보며 그저 살아가고 있지 않나 싶다.

자연의 사랑은 주면 줄수록 더 많은 혜택을 얻을 수 있다는 점을 깨닫고 역경이 나를 괴롭힌다 하더라도 회춘(回春)의 희망을 안고 사계절을 찬미하며 살아가고 싶다.

〈한국문인〉 2016년 봄호

둑길을 걸으며

4월 첫 일요일 둑길을 걸으며 모처럼 배봉산을 찾았다.

늘 다니던 길이었지만 나는 심장 수술하고부터는 이 길을 걷지 못하다가 몇 년 만에 걸어본다.

매년 이맘 때가 되면 중랑천 둑길은 벚꽃이 만발하여 백색의 향운(香雲)을 이룬다. 이 길은 항상 구민과 외래객들이 찾던 곳이라 어린 아이·젊은 부부·청소년·노인 등 여러 사람들이 길을 걸으며 사진도 찍고 이야기도 하며 즐거움을 맛본다.

사월 첫주가 되면 벚꽃을 보기 위해 많은 사람들이 찾아 인산인해를 이룬다. 더구나 벚꽃축제가 열리는 일주일은 통행이 어려울 정도로 많은 관광객들이 이곳을 찾는다.

이 길은 오가는 길이 잘 구분되어 오른쪽 주황색, 왼쪽은 초록색으로 물이 잘 빠지는 투스콘크리트로 깔아 다니기 좋게 해놓았다. 한참 걷다보니 전에 없던 글씨가 눈에 띈다. 길바닥에 '자전거 탑승금지'라는 글씨가 씌어있다.

예전에는 오토바이, 자전거가 마구 다녀 보행자의 눈살을 찌푸리게 했으나 지금은 그런 풍경을 볼 수 없고 옛날과는 많이 달라졌다.

구민들의 안전과 나들이를 즐길 수 있게 길을 깨끗하고 아름답게 조성하고, 놀이기구와 의자, 나무가 잘 정리되었다. 노인들이 즐겨 찾는 장기 바둑판도 화강암으로 꾸며 비나 눈이 와도 즐겨 이용할 수 있도록 고정했다. 공중화장실에도 아름다운 음악이 흘러나오고 깨끗하게 정리되어 이용객들에게 산뜻한 맛을 느끼게 한다. 둑길 중간에는 독서실을 만들어 쉬면서 책을 읽고 빌려주기도 한다.

그런가 하면 길 한쪽 천변에 '동대문문학회' 회원들의 시 작품이 걸려있어 지나가는 사람들은 잠시나마 문학인들과 동화된 기분을 느끼기도 한다. 문학에 관심이 있거나 특히 시를 좋아하는 사람은 관심을 가지고 유심히 읽으며 기쁜 표정을 짓기도 한다.

우리 집에서 배봉산 가는 둑길은 4킬로미터다. 희망의 봄이 오면 새싹이 돋는 중랑천 변, 자연의 아름다움은 내가 살아가는 삶에 기쁨을 갖게 한다. 개천 둑길 가로수는 목화송이처럼 하얀 장관을 이룬 벚꽃 길이다.

백색 타원형의 터널을 걷다보면 길 한쪽에 하얀 목련꽃이 벚꽃과 어울려 장관을 이루지만 떨어진 잎은 추해보인다. 한참 걷다보면 영산홍이 막 피어오르려고 꽃봉오리가 소담한 자태를 보이며 활짝 피어날 날만을 기다리고 있는 듯하다. 또한 모과나무는 잎이 나와 꽃봉오리를 피어내려 하고, 주렁주렁 달릴 가을의 열매를 상상해 보기도 한다. 배봉산 입구에 다다르면 개나리의 노란 꽃과 향은 바람결에 열어지고 파란 잎이 나온다.

이 길은 사계절의 풍광이 독특하다. 봄에 양쪽 벚꽃이 장관을 이룰 때면 하얀 터널, 여름에는 짙은 녹색의 터널을 만든다. 가을이 되면 황색의 터널로 한 잎 두 잎 떨어진 주황과 초록의 길바닥이 된다. 누런 황갈색으로 변하여 그 길을 밟는 사람들의 바스락대는 소리는 잔잔한 경음악의 소리와도 같다. 찬바람이 불고 동장군이 찾아올 때면 어느새 싱싱하고 백색과 초록색 또 황갈색의 모습은 오간데 없고 나목(裸木)만 줄을 서서 쓸쓸한 겨울을 말해준다. 그런가 하면 찬바람이 불고 흰눈이 내리면 나무나 둑길은 온통 천지가 백색으로 변해 세월의 무상함을 자아내기도 한다. 이런 사계절의 변화된 자연을 벗 삼아 걸었던 둑길이다.

나는 몇 년 전만해도 일요일이면 이 길을 걸으며 수상, 시상을 떠올리고 건강도 챙기면서 즐거운 마음으로 배봉산 정상을 찾았다. 그러나 병원을 갔다온 후로는 걷지 못하다가 몸이 차차 회복된 후부터는 가보고 싶었다. 우울하고 마음이 편치 않을 때 고독의 심신도 풀고 내 마음을 달래기도 한 그 추억들, 다시 되돌아보며 감사함을 느낀다.

또한 자연에 순응하며 모든 것을 긍정적 사고로 생활하리라 마음먹고 욕심 부리지 않고 스트레스도 받지 않으며 나쁜 일보다 좋은 일만 생각해 보자고 다짐해 본다. 이것이 황혼의 인생길에서 건강하고 나의 삶을 풍부하게 만든다고 생각하기 때문이다.

중랑천 흐르는 물이 햇볕에 반짝이고 해가 서산에 질 때 물고기가 뛰노는 모습이 이곳 중랑의 풍경이다. 그런 자연을 감상하며 걷다보면 마음이 아늑해지고 둑길 걷는 마음이 그리 좋을 수가 없다.

내가 항상 기도하며 갈구하는 마음은 건강한 마음으로 희망을 갖고 지혜롭게 살다가 이 세상 뜨게 해달라고 기도한다. 오늘도 중랑천 길을 걸으며 하루의 무사함과 즐거움을 벚꽃 터널 숲에서 찾아본다.

〈좋은수필〉 2018년 1월호

봄을 기다리는 마음

아차산 봉우리에 떠오르는 겨울해가 차갑게 느껴진다.

중랑천 둑길에 늘어선 나목은 찬바람을 맞으며 봄을 기다리는 듯 쓸쓸한 모습을 보인다. 산과 들의 초목(草木)은 시들고 형형색색으로 변하는 단풍잎을 보면서 조락의 계절을 맞은 때가 엊그제 같기만 하다. 벌거벗은 나뭇가지 위로 검은 구름이 지나가더니 이내 온 천지와 메마른 대지의 컴컴한 색상이 을씨년스런 분위기를 풍기는 계절에 쓸쓸함과 고독감(孤獨感)을 준다.

옛 선인들이 꽃샘추위를 두고 '심술궂은 용두할머니가 며느리 골탕 먹이는 추위'라고 했다. '추위야 미련 두지 말고 빨리 가거라.' 만물이 생동하는 따스한 봄이 오기를 기다리며 나는 마음 속으로 이렇게 외쳐본다. 비온 뒤 하늘이 더 청명하 듯 매운 한파가 지나간 후에 봄의 향연은 우리 곁으로 한층 더 찬란하게 다가오리라.

봄을 기다리는 마음을 무엇에 비교하랴! 찬바람이 한바탕 쓸고간 후 온화한 바람이 불면 얼어붙은 나뭇가지에 스며드는 햇살도 따스하게 느껴진다. 일 년을 사계절 주기(週期)로 볼 때 봄은 시작을 뜻한다.

우리 민족은 한 해의 계획을 봄에 세운다고 한다. 긴 겨울 동안 농사의 소출이 없기에 식량 부족으로 시달리기 일쑤여서 조상들은 이 때를 보릿고개, 즉 춘궁기(春窮期)라 불렀다. 식량이 부족하기에 보릿고개가 무척 길게 느껴졌으며 '봄 떡은 들어앉은 샌님도 먹는다.' '봄 사돈은 꿈에 봐도 무섭다.' 등의 속담은 모두 봄의 궁함을 나타낸 말이다. 그러나 봄이라는 계절이 실제로는 짧기 때문에 '덧없다'는 표현을 쓰기도 한다. 오랜 동절기에 움츠렸던 인간의 생리현상을 활발하게 하는데서 유추(類推)된 생각을 춘정(春情)으로 표현하기도 한다.

봄은 무엇보다도 새로운 시작을 의미한다. 그리고 동면에서 깨어나 온화하고 화합함을 나타내는 흥겨움과 풍류를 연상케 한다. 그러기에 나는 생동감 느껴지는 봄이 빨리 오기를 기다리는지도 모른다.

봄은 사계절 중 첫 번째 계절이요, 오행으로 볼 때 木·火·土·金·水에서 木에 해당되며 하루를 볼 때 아침이요, 방위로 보면 동쪽에 해당되기에 아침 해가 뜨는 시작의 첫출발이다. 그래서 나는 봄을 맞는 기대감에 즐거움을 갖고 마음의 건강을 찾기에 무던히 애를 쓴다.

꽃피는 봄을 시샘하는 늦추위가 아무리 기승을 부린다 해도 오는 봄을 그 누구도 막지 못한다.

나는 눈을 감고 하늘을 향해 "봄아 빨리 오거라" 소리쳐본다. 온화한 바람이 스칠 때면 산비탈의 진달래 꽃망울 터지는 소리가 들리는 듯하다. 철로 위에 아지랑이 피어오르고 새싹이 돋는 들길에는 새들이 노래하고 계곡의 살어름 틈새로 흐르는 맑은 물은 오는 봄을 재촉하고 고향의 향수를 짙게 한다. 아기의 솜털처럼 부드러운 봄의 기운으로 투박한 흙을 뚫고 손을 내미는 새싹과 잔디, 그 위를 뛰어다니는 병아리와 강아지의 모습은 고향의 봄을 그려보는 풍경이다.

봄에는 자연의 아름다움을 풍만하게 보여주는 여러 꽃이 있지만 나는 봄을 상징하는 노랑꽃이 내 마음을 한층 부풀게 한다.

대자연 속에서 가장 먼저 피는 꽃이 산수유, 유채꽃, 개나리로 모두가 노랗다. 삼색의 노랑은 왕성한 생명력과 풍요로운 생산력의 표상이기도 하지만 가장 으뜸으로 삼는 뜻은 농경민족의 상징색이기 때문이다. 유럽의 민간생활에서도 노란색은 악마, 악정, 악조건에서 살아나는 부활과 끈기의 상징이었다고 한다. 그래서 이른 봄 노랑나비를 보는 자에게는 행운이 오고, 환자에게 노랑꽃을 선물하면 빨리 쾌유된다고 한다. 삼색의 꽃과 함께 늦가을의 은행잎이나 노랑 국화도 즐거움을 갖다 준단다.

겨울의 묵은 때를 벗고 봄바람 타고 새싹을 쏘옥 내미는 풀잎과 피어오르는 아지랑이, 나비 등을 타고 오는 따스한 봄은 누구에게나 삶의 힘을 돋구어준다. 일 년 중 시작을 알리는 봄은 생활의 활력소를 주고 희망을 안겨다 주기에 그렇게 애타게 기다리는지도 모르겠다.

나는 이런 희망의 봄을 맞이하고 싶다.

봄아! 빨리 오려무나!

〈수필춘추〉 2016년 봄호

가을의 명상

황금물결이 일렁이는 가을은 나에게 동경의 세계다.

가을을 맞을 때마다 나는 녹색의 산야에서 한여름을 보내고 떨어지는 나뭇잎을 보곤 한다. 가느다란 줄기 따라 꽃을 힘겹게 매달고 바람에 한들거리는 각색의 코스모스를 보노라면 아름답기도 하지만 꽃잎이 떨어져 쓸쓸하게 서 있는 줄기를 보면 애잔한 생각이 들기도 한다. 거대한 나무숲을 볼 때는 수많은 군중의 집단처럼 느껴질 때가 있다. 빨간 나무는 몸을 뜨겁게 태워주고 노랑 나무는 내 가슴을 노랗게 물들인다.

가을을 상징하는 나무로는 은행나무가 제격이 아닌가싶다. 공원의 풍치나 가로수로 각광받는 은행나무는 한 그루가 배출하는 산소의 양이 한 드럼 가량 되며 공기를 정화시킨다. 암나무 열매는 식료품 구실도 하지만 무엇보다도 노랗게 물들어가는 은행 나뭇잎은 늦가을을 대표하는 풍광으로 손색이 없다. 국화 또한 가을과 뗄 수 없는 꽃이다. 겨울이 오기 전 각색의 국화는 보기에도 아름답지만 가을을 상징하는 시가(詩歌)나 그림의 소재로도 많은 사랑을 받는다.

우리는 가을을 일러 천고마비(天高馬肥)의 계절이라 한다. '하늘은 높고 말은 살찐다.'는 이치에서 식욕의 계절로 인식하기 때문이다.

나는 가을을 무척 좋아하며 즐긴다. 가을하늘이 높은 것은 대자연이 맑고 깨끗하다는 증거리라. 봄은 새싹이 돋고 따뜻하지만 황사 현상이 자주 일어나며 안개 끼는 날이 많아 건강에 좋지 않다. 여름은 무더위 속에서 심신이 허약해지고 검은 구름이 자주 깔려 높은 하늘을 보는 날이 적어진다. 가을은 사계절 중 가장 맑은 하늘을 지니기에 천고(天高)라는 말을 쓰며 외국인들도 우리나라의 가을하늘을 동경한다고 한다.

마비(馬肥)는 '말이 살찌다'는 단어로 풍성한 추수의 기쁨이 있기에 만족감을 느낄 수 있다는 뜻이다. 이러한 충족감은 '더도 덜도 말고 한가위만큼 되어라.'라는 속담으로 구체화되어 있다. 그래서 가을은 '부지깽이도 덤빙인다.' '죽은 송장도 꿈지럭거린다.' 등의 속담이 있듯 바쁜 계절로 인식된다. 또한 오곡이 풍성하게 익어 수확의 계절로 먹는 것이 충족하기에 삶의 의욕이 생기는 계절이다.

나는 요사이 병원에서 퇴원한 후 맑은 공기를 마시기 위해 산 속을 자주 찾으며 휴양지를 찾아 여행한다. 혼탁한 시내나 지하 공간을 피하고 산이나 강을 찾을 때가 많다. 내가 교직에 있을 때 전화나 컴퓨터가 없던 시절 오직 편지로 소식을 알리던 그 옛날 제일 많이 써먹던 단어, 천고마비는 가을의 대명사였다.

가을을 또한 등화가친(燈火可親)의 계절이라고 한다. 일년 중 독서하기가 가장 좋은 계절이기에 독서캠페인이 벌어지기도 한다. 출판사나 독서실에서 책읽기 행사를 갖는 것도 가을이다. 나는 가을이면 일년 중 책을 가장 많이 읽으며 하루에 단행본 한 권을 다 읽을 때도 있었다. 그러나 지금은 30분만 책을 보아도 눈이 아파 읽다가 그만두게 되니 지난 시절을 되돌아 보며 그때를 무척 그리워한다.

바람이 살랑살랑 부는 가을이 오면 사람들은 독서의 계절을 의식하고 나무 밑이나 정자에 앉아서, 또는 기차나 버스 어디서나 책 읽는 풍경을 볼 수 있었다. 지금은 남녀노소를 막론하고 책 보는 모습은 볼 수 없고 스마트 폰에 눈과 귀를 기울인다. 전철이나 공원 어느 곳에서도 독서하는 모습이 사라진지 오래다. 그래서 문을 닫는 서점이 속출하는 현상이 안타깝다. 다시 그때로 돌아가 가을만이라도 책을 읽는 등화가친의 계절을 보여줄 수는 없을까 소원해 본다.

가을을 조락(凋落)의 계절이라고도 한다. 바바리코트 깃을 세우고 낙엽 쌓인 둑길을 걸으며 아름답게 치장한 단풍나무만큼이나 화려한 인생의 황혼기를 맞고싶다.

나는 이 계절이 되면 곱고 우아하게 늙으며 천덕꾸러기가 아닌 품위 있는 인생으로 살고 싶다는 생각이 든다. 황혼의 삶에서 인생을 정리하며 되돌아보게 하는 계절이기에 조락이라는 단어가 나에게는 큰 의미를 부여한다. 인생을 추풍낙엽이라 표현함은 노년을 빗대어 노래하는 것인즉 가을을 인생의 노년으로 보기 때문일 것이다.

여름의 초록 나무는 서늘함을 주지만, 아름답게 물들어가는 가을은 낙엽을 떨구기에 쓸쓸한 황혼의 의미를 느끼게 하는지도 모른다.

나는 『떨어지는 나뭇잎에도 무게는 있다』라는 제목의 수필집을 출간한 적이 있다. 그만큼 나에게 있어 가을은 보람찬 일로 글을 쓰며 한 권의 책을 만들기에 애를 쓰고 건강과 지혜로운 삶을 찾기에 더욱 소중히 여기는 계절이다. 희수를 맞은 금년에는 꼭 무엇인가 이루어보겠다고 다짐해 본다.

가을은 결실의 계절로 인간에게 온갖 먹거리를 제공하기에 완성의 계절로 본다. 나는 이제 가을을 맞을 때마다 조락의 계절이라고 서글퍼하지 않으련다. 낙엽이 지는 계절이라 기분마저 위축되고 황혼이란 고정관념의 틀에서 벗어나리라. 지난날의 아쉬움을 잊은 채 천고마비의 계절, 등화가친의 계절로 승화시켜 아름다운 노년의 희망을 안고 풍요로운 삶을 펼쳐보리라 다짐해 본다.

〈수필춘추〉 2015년 가을호

은행나무의 감상(感想)

노란 은행나무 가로수를 보며 추억을 더듬어 본다.

나는 매일 아침 장평공원에 나가 운동을 하며 공원을 걷는다. 일렬로 죽 늘어선 가로수 은행나무를 보면 어릴 적 학교생활과 교직에 몸담아 있을 때의 노란 은행나무 잎이 색다르게 떠올라 아름답게 느껴진다. 또한 잎과 열매는 나의 추억을 만들며 향수에 젖게 한다.

초등학교 시절에는 노란 은행잎을 모아 책갈피 속에 넣고 동심의 세계에서 자연을 사랑했고 나뭇잎으로 새와 꽃과 나무 모양도 만들었다. 교사로 있을 때는 교정(校庭)의 은행나무를 보며 사계절 자연 속으로 끌려들어가 흐뭇한 기분을 자아내기도 했다.

A학교에서는 교목을 사다가 학교 울타리에 심고 노랗게 물들어가는 은행나무를 보며 세월의 흐름을 감상하기도 했다. 또 B학교에서는 은행이 주렁주렁 달려 기능직 아저씨와 함께 긴 바지랑대로 흔들어 수확을 하면서 한 자루씩 담아 교사들에게 나누어 주었던 시절이 생각난다. 집에 가져가서 쪄먹기도 하고 약용으로 쓰기도 했다.

은행나무는 은행나무과에 딸린 낙엽 교목이다. 중국이 원산지이며 우리나라와 일본에 퍼져 있다. 중생에 번성한 식물로 키는 30미터 이상, 지름은 4미터 가량 자라고 가지가 갈라지는데, 긴 가지와 짧은 가지 2종류가 있다. 꽃은 5월에 잎과 같이 피고 암꽃과 수꽃이 딴 그루에 핀다. 잎은 중앙에 두 개로 갈라지지만 갈라지지 않는 것과 두 개 이상 갈라지는 것 등이 있다. 10월이면 둥근 열매는 황색으로 익지만 잎은 노란색으로 변한다.

노랑은 왕성한 생명력과 풍요로운 생산력의 표상이라고 하며, 가장 으뜸으로 삼는 뜻은 농사짓는 사람의 상징색이기 때문이다. 봄에 노랑나비를 보면 행운이 오고, 환자에게 노랑꽃을 선물하면 빨리 쾌유된다고 한다. 그래서 봄을 상징하는 노랑꽃, 대자연 속에서 가장 먼저 피는 꽃이 산수유, 들판에서 아름다움을 자아내는 유채꽃, 또 울타리에서 가장 먼저 봄을 알리는 개나리 등 모두가 노랗다. 이렇게 봄의 삼색 노랑꽃과 늦가을을 대표하는 은행잎은 내 마음을 노랗게 물들이고 뿌듯한 마음을 갖게 한다.

은행나무는 공해에 강하고 병충해 피해가 적을 뿐만 아니라 가을이면 노란 단풍으로 아름다운 경관을 제공하는 장점 덕에 전국의 가로수 등 16퍼센트로 가장 높은 비율을 차지하고 있다.

은행나무 한 그루가 산소 한 드럼을 배출하고 나쁜 가스를 소화한다니 공해가 심한 도시의 가로수로는 제격이 아닌가싶다. 은행나무는 낙엽교목으로 긴 가지와 짧은 가지가 있고, 부채모양의 잎이 뭉쳐나지만 꽃은 암수 딴 그루다. 암꽃은 노란색 여러 개가 모여 달리고 수꽃은 연한 황록색으로 줄기나 가지에 붙어있는 상태다. 나이는

1,000년 이상으로 대개 20년 이상이면 씨앗을 맺는다고 한다. 전 세계적으로 1속 1종인 살아있는 화석식물로 중국에는 해발 1,000미터 이하 지역에서 야생으로 자란다고 한다.

양평 용문사에 있는 은행나무는 나이가 1,100년 정도로 우리나라에서 키가 제일 큰 나무라고 한다. 또 수종사에 있는 은행나무는 암수 나무가 서로 마주보며 사랑을 속삭여 열매를 맺는다고 한다.

은행나무는 수명이 길며 나무가 크고 아름답다. 넓은 그늘을 제공하기 때문에 가로수·정자·사당에 많이 심는다. 인간의 장수를 상징하기에 조상들에게도 사랑을 받지 않았나 하는 생각이 든다. 그래서 천연기념물로 지정된 오래된 나무 중에서 은행나무가 가장 많으며 유학의 전래와 관계가 깊다고 본다.

유학을 상징하기에 문묘(文廟) 향교(鄕校)에 많이 심었으며, 성균관에도 500년 이상 된 나무가 많다.

유럽에서도 17세기경에 전해져 기념목 기념수, 가로수 등으로도 많이 심었다. 목재는 치밀하며 결이 곱고 탄력성이 있어 가구재, 조각재, 바둑판 등에 많이 이용한다. 또한 씨는 먹을 수 있기에 한방에서 백과라 하여 천과 자양 등에 처방하여 복용케 했다. 나무껍질은 동맥경화·고혈압·심장병 등에 치료약으로 이용하고 있다.

은행나무는 한결같이 매년 봄이면 잎을 피우고 겨울이면 벌거벗으며 고통을 감내하며 순례를 반복한다. 해마다 어떤 모양으로 잎을 돋아내고, 어떤 빛깔로 열매를 맺고, 자신의 분신들을 떠나보내는 일 등 어떻게 대자연의 공기로 호흡하면서 자라고 있는지 눈여겨 볼 만하다.

은행나무는 우리 인간에게 장수의 상징으로 생활용품과 건강의 처방재로 우리 곁에서 노란 향수를 풍겨 아름다움을 선사해 준다. 또한 인간에게 행운을 주며 부활과 끈기의 마음을 갖게도 한다.

나는 은행나무를 무한한 동경심(憧憬心)과 신비감으로 바라보며 애착(愛着)을 갖는다.

〈지구문학〉 2017년 겨울호

황혼의 여명(黎明)

팔순을 눈앞에 두고 지난날을 생각한다.

필자는 나이 60에 퇴직하고 제2의 인생을 설계했다. 지나간 삶에 후회가 많아 나의 제2인생은 뜻있는 일을 하고 후회 없는 마무리를 하자고 생각했다.

필자는 내 삶의 의미를 남기기로 마음먹고 전국을 돌아다니며 조상의 슬기와 삶의 그림자를 찾아 두 권의 책을 출간했다.

십여 년간 유적을 답사하고 역사서적도 탐독하여 『조선왕조 500년 역사이야기』 상·하권의 고희출판기념회도 가졌다. 상권은 왕실의 생활, 하권은 내·외환의 흔적을 기술했다. 또한 실록과 야사를 근간으로 역사 에세이집도 만들었다. 한 권의 책을 만들기 위하여 수많은 책을 읽고 답사도 하며 기록을 찾아보았다.

책을 만들 때마다 가슴 뿌듯한 마음이 내 인생의 기쁨을 안겨주며 보람찬 노년을 보내고 있다는 생각마저 들었다.

철학자 칸트는 행복에는 세 가지 조건이 있다고 한다. 첫째 할 일이 있고, 둘째 사랑하는 사람이 있으며, 셋째 삶의 희망이 있다면 그 사람은 행복한 사람이라고 한다.

나는 세 가지 조건 모두를 가슴에 담았다고 생각해 본다. 직장생활을 할 때는 주어진 업무에 바쁘다보니 내가 하고픈 일을 하지 못했다. 그러나 퇴직 후 역사공부며 유적도 답사하고 현지를 돌아다니다보니 뜻을 같이한 친구도 많이 생겼다. 걸어서 이곳저곳을 살피니 건강도 좋아졌으며, 옛사람들의 발자취를 알게 되니 역사의식도 달라졌다. 새로운 지식이 쌓이고 책이 나올 때마다 삶의 보람을 느끼며 독자들이 칭찬해 주니 기쁜 마음마저 생긴다.

고희를 맞으며 필자는 수필이라는 문학 장르에 빠져 문학회를 조직하고 친목을 도모했다. 뜻 맞는 회원들과 소재도 찾고 글을 발표함으로써 새로운 지식 습득에 아름다운 이정표가 생긴 것만 같다. 이 모든 일들을 기쁨으로 행하며 황혼인생에 색다른 일거리가 생겨 삶의 의욕을 부추기고 보람도 느끼니 필자는 감히 값진 삶이라고 생각한다. 고희를 넘기고 3년간 질병과 수술로 내 인생에서 자괴감에 빠진 적도 있었지만, 오뚜기처럼 일어나 두 권의 책을 출간했다.

내 삶의 인생고백을 쓸 때는 수필가요, 역사의 흔적을 쓸 때는 사학가라는 칭송을 들으니 희열감(喜悅感)이 솟았다. 늦은 나이에 몇 권의 책을 출간하며 나 스스로도 대견하고 행복감이 찾아든다. 철학자 김형석 교수는 '100세를 살아보니'의 특강에서 65~75세까지를 '인생의 황금기'라고 한다.

나는 청춘 같은 노년을 보내고 싶다. 황혼의 미학은 늙어가면서 자신과 타인에게 너그러워지는 일이라고 한다. 누가 듣기 싫은 소리를 하고 욕을 해도 '그러려니'하고 무시해 버린다. 아내의 잔소리가 많을 때에도 이제 꾹 참고 다 받아주면 오히려 마음이 편해진다. 유수 같은 세월을 살다보니 내 감정에도 많은 변화가 온다. 정신적 안정과 함께 쌓이는 경험과 지혜, 세월이 가져다 주는 상식, 노년 그 자체가 주는 즐거움 등 이런 모든 요건들을 인정하고 노력할 때 공동체의 행복도 높아진다고 한다. 흔히들 노년은 '상실의 세대'라고 한다. 과거에 묶이지 말고 상실 당하기 전에 나 스스로 버릴 것은 버리자고 권하고 싶다. 그런 후 새로운 희망으로 계획하고 실천하며 더불어 살아가는 것이 행복한 삶이 아닌가싶다. 나는 나 자신에게 스스로 길을 묻고 대답한다. 인생의 황혼을 맞으면서 희로애락(喜怒哀樂)은 나 하기에 달렸다고 생각해 본다. 60대는 직업, 70대는 건강, 80대는 생명의 평준화라고 한다. 잘나고 못나고 모두가 거기서 거기 아닌가! 노년은 삶의 끝이요 생명의 종착역이다.

나는 퇴직 후 삼식(三食)이 취급받기 싫어서 아침 먹고 밖으로 나가 영화도 보고 서점에서 책도 보고 노인복지관도 찾았다. 복지관에서 인터넷·중국어·명리학도 배웠다. 노인들만 찾는 실버영화관에도 가보니 별의별 사람이 다 모인다. 영화관 대합실은 언제나 만원이다. 여러 사람들이 모여 이야기꽃을 피운다. 학력·재산·자식자랑 등 다양하다. 자기 멋에 살고 있지만 내 귀에는 모두가 듣기 싫은 소리다. 종착역이 얼마 남지 않은 사람들이 자기자랑 해보았자 누가 알아줄 것이며 부질없는 소리가 아닌가싶다. 젊었을 때 돈도 저축하고 건강도 챙겨서 추억의 덕담(德談)으로 삶을 즐기는 여유로운 인생이야말로 황혼의 자리에서 값진 삶이 아닌가 생각된다.

생활의 희망을 갖고 내 품 안에서 조직과 구속에서 벗어나자고 다짐한다. 미움의 짐, 원망의 고리도 끊어버리고 간단한 배낭을 메고 힘차게 걸으며 자유로운 삶을 갖자. 시기와 욕심의 한계를 벗어나 홀로서기의 멋진 포즈로 얼마 남지 않은 삶이지만 희망을 갖고 행복한 노년을 즐기자고 마음을 먹는다.

나는 팔순을 맞으면서 마지막 수필집을 출간하리라 다짐한다. 지금까지 살아온 삶에 항상 감사한 마음을 갖는다. 젊어서는 가난한 생활에서 고된 인생을 보냈지만 삶의 끝자락에서는 좀 더 즐거운 마음으로 희망을 갖고, 건강하며 지혜로운 몸으로 살다 가고 싶다고 기도한다.

어느 누가 말했던가? 우리가 행복하지 않은 것은 '내가 가지고 있는 것을 감사하기보다 내가 가지고 있지 않은 것을 탐내기 때문'이라고 한다.

탐욕은 재앙이다. 순수한 마음으로 청렴하게 살자. 행복의 씨앗은 나 스스로 만드는 데 있고, 진실한 열매를 맺게 하는 것은 내가 어떻게 하느냐에 달려있다고 생각한다.

삶의 끝자락에서 모든 것을 버리고 오직 건강만 생각하자 마음먹으면서 멋진 사람보다는 따뜻한 사람, 잘난 척하기보다는 진실한 사람, 또한 누구에게나 좋은 인상을 주는 사람, 이것이 내가 살아가는데 노년의 인생을 풍족하게 만들지 않나싶다. 떨어지는 꽃이 열매를 맺게 하듯 나의 삶도 황혼에 접어들면서 아름다운 열매를 맺어보리라 다짐해 본다. 지난날을 돌아보며 희망을 갖고 청춘 같은 삶으로 감사함을 느껴보는 마음이 곧 인생에서 황혼의 여명이 아니겠는가.

〈조선문학〉 2018년 1월호

제2부 사색의 정원

실버영화관과 추억 더하기

어느 날 낙원동에 있는 실버영화관을 찾았다.

지하철 5호선 종로 3가역 5번 출구로 나가 50미터쯤 가면 낙원상가 4층에 허리우드극장이 있다. 이 영화관은 55세 이상 관람자에게 6천 원의 상영료를 할인하여 365일 2천 원에 볼 수 있다.

나는 어느 지인과 이곳 극장 내 커피숍에서 만나기로 약속했다. 낙원 아케이트 4층 영화관에는 많은 사람이 영화를 보고자 오지만 젊은 사람은 없다. 노인들만 찾는 극장이 되다보니 노인천국이라 할 수 있다. 극장 안 커피숍에 앉아있노라면 각계각층의 노인들이 다 모인다. 다리를 절며 지팡이를 짚고 들어오는 사람, 점퍼를 입고 모자를 쓰거나 코트를 입고 책을 들고 오는 사람 등 스타일도 제각각이다.

모두들 약속을 했는지 악수하고 서너 명이 앉아 이야기꽃을 피운다. 직업이 있을 때는 좋은 자리에서 근무를 했는지 왕년에 잘 나갈 때 이야기로 흥이 돋는다.

또 한쪽은 조용히 앉아 책을 보며 기다리는 사람이 있는지, 입구로 눈길을 주며 들어오는 사람마다 쳐다보곤 한다. 여러 노인들이 둥근 의자에 앉아 도란도란 이야기하며 젊은 시절을 자랑한다. 또 어느 분은 삶의 고독을 후회하며 현실을 불평하 듯 상을 찡그리기도 한다.

실버영화관은 수많은 노인들이 찾아 300석 좌석이 꽉 찬다. 조금 늦게 가면 좌석이 없어 다음 두 시간 이후로 예약을 해야 한다. 이 영화관은 네 편의 프로를 미리 예고해 준다. 그날의 영화가 끝나면 다음 프로를 유도하기 위해 매일 상영프로를 바꿔가며 예시해 준다. 영화관에는 추억을 살리기 위해 외화나 국산 영화든 지난 영화만을 상영한다. 그래서 그런지 옛날에 보았던 영화가 더욱 새롭다.

나는 지인 한 분과 만나 표를 예약하고 점심식사를 하면 상영 시간과 거의 맞기에 실버영화관 부속으로 운영하는 음식점 '추억더하기' 식당으로 갔다. 낙원동 골목길을 돌고돌아 들어서니 '추억더하기' 간판이 보인다. 문을 열고 들어가니 둥근 모자를 쓴 50대 남자가 웃으며 "어서 오십시오."라고 인사한다. 20여 평 남짓 조그마한 곳, 칼라 형광등에 색다른 분위기, 깨끗하고 단정하게 정리된 식탁이 밥맛을 돋운다. 벽에는 유명 배우와 음악가 사진이 걸려 아늑한 분위기로 꾸미고 잔잔한 경음악이 흐른다. 식당 입구에는 작은 음악실이 있어 노래를 들으면서 식사를 하게 한다. 음악 진행자는 손님들이 옛 노래를 들으면서 식사를 하기 위해 팝송과 함께 신청곡도 받는다. 메뉴는 두 가지 중 하나를 선택한다. 도시락과 잔치국수, 값은 3천 원이다. 도시락을 선택하니 옛날 사범학교시절 도시락을 난로 위에 놓고 먹던 학창시절이 생각난다. 식사를 하고 대화의 시간을 갖기 위해 한 잔의 차, 커피까지 천원에 제공한다. 벽에는 '종로에서 5천 원으로 행복한 하루를 보내세요.'라는 액자가 붙어있다. 영화 2천 원, 식사 3천 원으로 오늘 하루를 이곳에서 보내라고 한다.

서울은 할 일 없는 늙은이들의 세상이며 돈에 따라 등급이 다르다. 단돈 천원도 없는 사람은 종묘 앞에서 장기나 바둑을 두며 점심때가 되면 무료급식소를 찾는다. 2천 원만 있으면 노인복지관을 찾는다. 점심값 2천 원에 나머지는 모두 무료다. 또 5천 원만 있으면 실버영화관을 찾는다. 영화도 보고 식사도 하고 음악도 들으며 대화를 할 수 있다. 여기에 좀 더 여유가 있어 만원이 있으면 멀리 나들이를 한다. 춘천이나 천안에 가서 관광버스 3천 원에, 식사값 6천 원 정도 있으면 서울을 벗어나 관광한다.

실버영화관은 조금 지식층에 있는 사람이 찾는 것같다. 대화나 얼굴 모습이 좀 여유롭다. 추억의 영화를 감상하면서 도시락과 잔치국수의 메뉴는 간단하면서도 노인들 입맛에 맞게 식단을 꾸려 제공한다. 흘러간 옛노래, 가곡 또는 명곡, 외국곡 등이 추억을 더듬게 분위기를 자아낸다. 그래서 이곳 식당 이름을 '추억더하기'로 부르는 듯하다.

필자는 낙원동에 많은 추억을 갖고 있다. 아름다운 과거나 정서적인 상념은 아니다. 다만 젊은 시절 생계를 위한 삶이었을 뿐이다.

1968년 교직에서 퇴직하고 서울에 올라와 제일 먼저 정착하여 생활했던 곳이 낙원동이다. 낙원 상가는 서울에서 유일하게 도로 위의 건물이며 밑에는 지하상가다.

다른 사람들은 희망을 쌓으며 자기 나름대로 계획을 세워 삶을 그렸겠지만, 나는 후회와 실망으로 오직 생계를 위한 삶을 보냈다. 지난날 힘든 생활을 새롭게 느끼게 한 낙원동, 예나 지금이나 옛모습 그대로를 보여준다.

탑골공원에는 80년대까지 '파고다 아케이드'가 있었다. 피아노 대리점을 하면서 처음 판매를 시작으로 이런저런 사람들을 상대했다. 그리고 칠팔 십년대 낙원 2층 상가에 중고 피아노 가계가 형성되었으나 지금은 악기 상가로 변했다. 중고 피아노를 취급하며 장마에 잠긴 피아노를 사들여 수리해 다시 팔아 재미를 본 일, 문구 대리점을 하다가 손해를 보고 문 닫은 일, 또 지하 식품 상가에서 외제 물건을 취급하다가 감독관에게 들켜 몽땅 빼앗겼던 일이 생각난다. 이렇게 낙원동에 가면 젊었을 때 어려운 삶이 떠오른다.

나는 가끔 '추억더하기' 식당을 이용하려고 한다. 값도 싸고 입맛에 맞으며 분위기 좋은 이곳에서 즐거운 음악을 감상하며 지인들과 대화도 할 수 있기 때문이다. 지난 옛일을 돌아보며 노년의 삶을 그려보는 것도 스트레스 해소에 좋을 듯하다.

〈수필춘추〉 2014년 가을호

묵은 명함꽂이

오래 묵은 명함꽂이 열아홉 개를 정리했다.

거실 책상 서랍 속에서 명함꽂이를 꺼내 한 장 한 장 넘기며 명함의 주인공을 생각해 보았다. 한 명당 여섯 개의 명함을 넣을 수 있는 페이지가 서른셋이니 한 권에 198명의 인물이 들어있다. 그런 꽂이가 전부 열아홉 개니 약 4천 명에 육박하는 이름을 보유한 셈이다. 명함꽂이는 성명·직장·직책·주소·전화번호 등을 편리하게 보관할 수 있어 좋다. 나는 명함꽂이를 번호별로 매겨 보관해 두었다. 옛날 1번 명함은 빛도 바래고 퇴색해져 글자가 희미하여 잘 볼 수가 없다. 오랜 세월이 흘렀지만 명함의 인물들을 생각하며 그때 만남의 인연을 잠시 떠올려보았다. 어떤 명함은 주인공의 모습을 생생하게 기억하지만 전혀 생각나지 않는 사람도 있다.

명함꽂이를 살펴보니 변화된 사회의 발전상까지 보게 된다. 70년대는 이름 밑에 전화번호만 기재되었다. 80년대 명함은 전화번호에 B·B(무선통신)가 기재되었고, 내 명함에도 기록되어 있다. 교직을 떠나 악기 대리점을 할 때 나는 B·B 무선전화기를 차고 다녔다. 무선전화기는 상대방에게 전화를 걸 수는 없고, 걸려온 번호가 입력된다. 그 번호를 보고 내가 전화를 걸어야 한다. 90년대 들어서는 핸드폰이 생겼다. 명함꽂이 10번째부터는 핸드폰 번호가 등재되었다. 처음 나온 핸드폰은 무거워서 들고 다니기에도, 사용도 불편했다. 14번째 명함꽂이부터는 이메일이 등장한다. 지금 그 사람과 소통하려면 컴퓨터에 이메일을 입력하여 자기 소식을 알려주면 된다.

명함 형태를 보면 개인 명함은 세로로 자기 이름을 나타내고, 단체나 음식점, 선전물에는 가로로 나타내는 게 보통이다. 세로보다는 가로 표시가 많은 내용을 담을 수 있기 때문이다.

또 분류 형태로는 간단함과 복잡함의 두 종류로 분류한다. 간단한 명함에는 직위 하나에 이름뿐이다. 직책이 사장·변호사·검사·의원 등이 자기 얼굴을 크게 부각시키고 대변하기 때문이다.

직위가 뚜렷하지 않은 명함에는 초등학교와 중학교 동창회장 직함까지 넣다보니 가지 수만 많았지, 별 볼 일이 없다. 권세와 직위가 높을수록 내용은 간단하다. 근래는 자신을 부각시키기 위해 사진까지 넣는다. 어떤 면에서는 상대방을 이해하는데 도움이 된다.

타인의 소개로 인사를 하다보면 정작 명함의 인물이 떠오르지 않을 때가 있다. 많은 사람을 대하며 구별하기 곤란할 때는 사진이 든 명함은 이해가 빠르다. 지금은 집 전화·핸드폰·이메일까지 넣는다.

나 자신도 직업이 여러 번 바뀌다보니 명함 종류도 다양하고 직위가 열 가지 이상 된다. 피아노 대리점 대표, 역사단체 이사·감사, 음악협회 총무, 문학단체의 회원·위원 등 다양하며, 지금은 수필가와 시인으로 바뀌졌다. 전화나 이메일로 소식을 들을 때 내 직함으로 상대방을 파악하게 되며 언제 만난 사람이라는 것까지 이해가 된다. '사장님'하면 옛날 피아노 대리점 시절이요. '총무님'하면 음악협회를 운영할 때다. '교무부장'하면 학교 있을 때요, '정 감사'라고 하면 역사단체회원이다. 지금 '회장'이라고 하면 문학에 관련된 사람으로 입력된다. 그러기에 명함의 변천사가 내 삶의 발자취를 말해주며 당시의 존재감을 나타내기도 한다.

나는 명함을 많이 활용하고 누구를 만나도 꼭 명함을 받는다. 인사를 나누고 명함을 달라고 하면 없다는 사람도 있지만, 요청하면 대개는 준다. 살다 보면 언젠가는 명함 준 사람을 꼭 필요로 할 때가 있다. 명함은 그 사람의 얼굴이며 인격을 대신하기 때문이다. 명함을 주고 받는 것은 상대를 이해하고 만남의 의미를 돈독하게 하기 위함이다. 오래된 명함은 연락처가 맞지 않아 버려야 되지만 왠지 버리기가 아쉽다. 옛날에 만났던 사람들을 다시 만나고 싶다는 생각마저 든다. 그래도 쓸모가 없으니 버려야 되겠다. 근래에 받은 명함만 다섯 개나 되니 소중히 간직해야 되리라싶다.

현명하고 올바른 사회생활을 하려면 대인관계가 원활할 때 자기의 존재가 부각된다고 믿기 때문이다. 그래서 명함을 잘 보관하고 활용한다. 언제 누구와의 만남이 있더라도 소중한 인연의 증표인 명함은 나의 명함꽂이에 고이 간직되리라 싶다.

〈조선문학〉 2016년 300호 특집

나와 조선일보

나는 아침 6시에 일어나 조선일보를 읽는 것으로 하루 일과를 시작한다.

조선일보 카페에서 시민의 구독순위를 조선·중앙·동아일보라고 하지만 나는 동아·중앙·조선일보 순으로 구독했다.

1958년 사범학교를 졸업하고 초등학교에 교사 발령을 받고 부임하자마자 동아일보를 보았다. 자유당 시절에는 야당지 구독(購讀) 감시가 심했다.

상부 기관에서 야당지는 정부 비판 기사가 많다고 보지 못하게 하고, 정부지인 서울신문을 보라고 했다. 그러나 나는 젊은 시절 감시를 받아가며 동아일보를 읽었다.

60년대와 70년 초에는 중앙일보를 보았다. 중앙일보는 다른 기사도 좋지만 건강 코너가 마음에 들었다. 건강 365일 내용을 스크랩북으로 만들어 필요할 때 읽고 건강에 관심을 가졌다. 1980년부터 지금까지 30여 년 넘게 조선일보를 본다.

조선일보는 조선(朝鮮)이라는 글자가 왠지 마음에 든다. 조선(朝鮮)은 사전에 '옛날 상고시대부터 내려오는 국명(國名)'이라고 하지만 조(朝)는 아침, 즉 태양이 떠오르는 동쪽을 의미하며 밝음을 주는 뜻을 상징하기도 한다. 또 잠에서 깨어나 희망찬 기분으로 하루를 시작하는 첫출발의 의미를 부여하기도 한다.

나는 조선일보를 몇 십년 보다보니 마음에 드는 기사에 관심과 애착을 가지고 구독하기에 다른 신문을 볼 수가 없다.

내가 살고 있는 시장이나 집 근처를 지나다보면 다른 신문사 직원이 자기 신문을 봐달라고 사정할 때가 있다. 어떤 사람은 20만 원 상품권을 주며 3개월에서 6개월간 무료로 보게 해준다며 유혹한다.

아내는 조선일보를 끊고 다른 신문을 보자고 한다. 다른 신문은 몇 십년 보면 구독료도 내려주고 선물이나 상품권도 준다는데 조선일보는 그런 서비스가 없단다. 그러면서 굳이 이 신문을 고집하는 나에게 불평이 많다.

나는 이사를 몇 번 하면서도 계속 조선일보를 본다. 신문 보급소에 이사를 가니 끊어달라고 하면 어느 곳으로 이사 가느냐고 묻는다. 그리고는 그곳 지국에 연락해 나를 찾게 하여 신문을 보게 했다. 어느 보급소에서는 초지일관 조선일보만 구독하는 내게 시계와 전화기 선물을 보내오기도 했다.

내가 그 신문에 집착하는 이유는 34면의 만물상과 칼럼이 마음에 들기 때문이다. 전면과 경제는 머리기사만 대충 읽고 코너·만물상·칼럼은 빠지지 않고 읽는다. 전에는 시론을 즐겨 읽었다.

사설은 제목이 좋으면 읽고 그렇지 않으면 그냥 지나친다. 예전

이규태 코너는 빠짐 없이 읽었다. 특히 22년 11개월 간 연재해온, 박학다식(博學多識)한 이규태 씨를 존경하여 주요 내용은 오려서 스크랩북을 만들었다.

좋은 글은 밑줄을 쳐가며 메모해 두었다가 글을 쓸 때 인용했으며 많은 도움을 얻었다. 읽다가 이해가 안 되면 직접 비서실로 전화하여 궁금한 점을 물어보는 적극성까지 보였다.

이규태 코너 첫번 글 '첫사랑 명월관 이야기'로 시작해 작고하기 전 6,702회까지 처음 몇 회만 빼고 80페이지 분량의 스크랩북이 40개가 된다.

이규태 저서 「한국인의 의식구조」 「밀레니엄 북스」 「한국인의 맥」 등 코너와 120권의 저서는 그대로 한국학 백과전서다. 나는 그분의 저서를 많이 구입해 책장 한 코너를 만들었다.

다음은 '이덕일 사랑(舍廊)'과 '조용헌 살롱'이 마음에 들었다. 나는 역사를 좋아하다보니 역사에 관심을 갖고 '서울문화사학회' '서울역사문화포럼' 이사(理事)로 있으며 문화강좌를 개설하여 문하생들과 함께 유적답사를 하고 해설을 가끔 한다.

이덕일은 역사평론가이며 한가람문제연구소 소장으로 나는 그분의 책을 많이 구입하였으며 '이덕일 사랑'을 즐겁게 읽고 계속 스크랩해 두었다.

'이덕일 사랑'이 527회 집필을 마지막으로 중단하여 아쉬운 마음이 들었다. 계속 연재해 주었으면 하는 바람이 간절했다.

조용헌은 명리학에 밝은 분으로 많은 지식과 상식을 독자들에게 준다. 노인복지관에서 명리학을 배우는 나는 조용헌의 글에서 여러 방면의 참고 지식을 얻는다. 지금도 중요한 내용을 모아 두었다가 글 쓰는데 인용하기도 한다. 또한 만물상과 칼럼은 내 생각을 풍족하게 해주고 식견을 넓혀 주기에 마음에 드는 내용은 스크랩북에 옮겨놓는다. 그래서 나는 34면과 35면에 시간을 많이 할애한다.

지금은 유홍준의 국보순례, 정민의 세설신어(世說新語), 최재천의 자연과 문화, 주경철의 히스토리아, 김영나의 서양미술산책, 우정아의 아트스토리 등을 읽는다. 그리고 여러 방면으로 새로운 지식을 얻고 나에게 필요하다고 생각하는 내용은 소중하게 보관해 둔다.

매일 아침 신문을 보면서 오늘은 어떤 내용의 글이 나의 마음을 밝게 해주며 새로운 지식을 얻을 수 있나 기대해보며 조선일보에 대한 나의 사랑은 아마도 변치 않으리라 싶다.

〈계절문학〉 2012년 봄호(18)

삶과 수리(數理)

나는 인간의 일상생활과 가장 밀접한 것이 수리(數理)라고 생각한다.

정재원의 '숫자의 비밀'에서는 인간 개개인이 갖고 있는 고유한 운수를 파악하여 수리와 대비시킨다면 인생을 성공적으로 영유할 수 있다고 밝힌다.

나는 살아가면서 숫자에 대해 남다른 관심을 갖고 있다. 수의 개념에 대한 글도 썼지만 좋은 수는 기쁨과 희망을 주지만, 나쁜 수는 기분이 좋지 않으며 불편한 강박관념을 준다고 생각한다.

좋은 생각은 좋은 일을 만들고 나쁜 생각은 절망을 준다는 이야기가 있듯이 가능한 좋은 수를 가깝게 하고 나쁜 수는 멀리 하는 것이 나도 모르게 습관화되었다. 이런 생각은 명리학과 관상학을 공부하면서 관심이 생긴 것 같다. 짝수는 음(陰)의 수로 나쁜 인상을 주지만, 홀수는 양수(陽數)로 좋은 느낌을 주며 가까이 하고 싶어진다. 좋은 숫자를 갖고 있는 사람은 건강과 행복과 장수를 누린다고 한다. 또 어디를 가도 먹고 사는 일에 얽매이지 않고 모든 일에 환영을 받는다고 한다. 반면 나쁜 숫자를 지닌 사람은 일이 잘 풀리지 않고 건강도 약해지며 심지어 단명할 수 있고 삼재(三災－人災·風災·水災)를 잘 만난다는 설이 있다.

우리 조상들은 대대로 내려오면서 홀수를 선호하여 삶에 이용했다. 역사를 상고해 보면 삼국시대의 고구려 시조 동명성왕도 3이라는 홀수를 선호해 두 다리가 아닌 삼족오(三足烏)의 깃발을 만들어 태양신으로 국기를 상징했다. 고려를 세운 왕건도 3대정책을 기조로 건국하여 나라를 다스렸다. 조선왕조에는 5를 숭상해서 5덕(仁·義·禮·知·信)을 기반으로 왕궁을 짓고 국정지표로 삼아 나라를 다스렸다. 국가도 숫자에 관심을 갖고 통치의 일환으로 사용했거늘 개인도 좋은 숫자에 관심을 갖는 것은 당연하다고 본다.

나는 전철을 탈 때도 홀수 칸 앞에서 대기한다. 전철 승강장 앞의 숫자가 2·4·6의 짝수는 피하고 3·5·7의 홀수 앞에서 기다린다. 그것도 3-1, 3-3이나 5-1, 5-3 앞에서 타려고 한다.

세상에는 숫자와 인연을 갖고 살아가는 사람이 많으며, 그 숫자는 당사자 생애의 운명을 말해준다.

3·1민족대표 손병희의 딸 손용화는 3의 숫자와 인연을 갖고 살다가 생을 마감했다고 한다. 손용화는 손병희의 셋째 딸이며 자기도 세 딸을 두었다. 세 딸도 민족대표 33인한테 시집을 가서 며느리가 되었다.

손용화의 남편은 어린이날을 제정한 방정환 선생이다. 손용화가 30세에 남편 방정환은 33세로 죽음을 맞고 기일도 3일이다. 남편을

30세에 잃고 30년이 지난 60에 회갑을 맞았다고 한다. 그로 30년이 지나 90에 죽음을 맞았는데, 그것도 93년 김영삼 정부 때 세상을 떴다고 한다. 손용화는 3과 더불어 살다가 간 인생행로라 할 수 있다.

조선왕조 세조 때 계유정란(癸酉靖亂)을 일으킨 세조가 단종을 내쫓고 왕위를 찬탈했기에 반기를 들은 사육신-성삼문(成三問), 박팽년(朴彭年), 이개(李塏), 하위지(河緯地), 유성원(柳誠源) 유응부(兪應孚)의 이름을 풀어보면 흉수가 많이 등장한다. 흉수 중에도 22의 수가 많다는 것을 알 수 있다. 22수는 요절(夭折)할 수이기에 이름 짓는데 잘 쓰지를 않는다고 한다. 그래서 그런지 사육신들은 젊은 나이에 생을 마감했다.

박정희 대통령과 딸 박근혜 대통령도 부녀가 18이라는 숫자와 인연이 있다. 박정희(朴正熙) 대통령의 이름을 풀이하면 권좌(權座)에 18년밖에 머물지 못한다고 풀이한다. '박정희(朴正熙)'라는 이름 풀이에서도 '朴은 18년의 점괘, 正은 한 번으로 끝남, 熙는 신하에 총 맞는 괘'라고 하니 어쩌면 그렇게 그 분의 운명과 잘 들어맞는지 모를 일이다.

박근혜 대통령 역시 아버지 박정희 대통령의 청와대 시절이 시작되어 18년간 그곳에서 생활했다. 그후 은둔생활로 18년, 정치에 입문하여 국회의원과 대통령 되기까지의 18년, 그것도 18대 대통령으로 청와대에 들어와서 삼성동 집으로 간 날을 보면 1,476일 파자 숫자로 18자, 권좌에서 물러나 삼성동 자택으로 타고 간 차번호도 '20

오 8206'로 풀이하면 18이다. 기이하게도 박근혜 대통령은 아버지와 같이 18이라는 숫자에 매여 아버지는 생을 마감했다. 그리고 딸은 현직 대통령으로 전무후무하게도 권좌에서 물러나 치욕의 한을 품고 감옥에서 재판을 받고 있다. 살아가면서 수는 단순히 단위를 계산하는 수단이라기보다는 그 자체에 진리를 담고 있다고 본다.

필자는 많은 사람들의 이름을 지어주면서 자원오행(字源五行)과 수리(數理)오행에 기초를 두고 20과 22의 획수를 피한다. 22획수는 불행을 가져오며 요절할 수라고 통계학에서 밝힌 바 있다. 대부분의 사람들이 미신(迷信)이라고 치부하지만 그렇다고 굳이 나쁘다는 숫자를 쓸 필요가 없기 때문이다. 인생 철학가나 작명가들은 오랜 기간 통계를 찾아 연구하고 기록한데서 비밀을 찾아냈다. 그분들이 연구하고 기록한 내용을 예사롭게 보지 않고 참고하며 좋은 쪽으로 생각하기에 수리에 대한 나의 상념을 깊이 성찰하며 생활에 이용하려고 한다.

〈동대문문학〉 2017년 18호

만 남

광화문 세종문화회관 앞에서 우연히 한 중년 부인을 만났다.

반가운 마음으로 인사하고 찻집에서 그간의 이야기를 늘어놓다보니 그 시절이 주마등처럼 뇌리에 스쳐갔다. 그녀는 83년도 26살 때 '대한음악지도자협회' 연수원 7기생으로 들어온 김연숙(가명)이었다.

나는 예전에 음악협회를 장기간 운영하면서 피아노 교사의 진로 문제 상담과 학원 운영에 많은 도움을 주었다. 그때 김연숙은 나를 찾아와 자기소개를 하였다. 국민은행에 근무하면서 피아노공부를 틈틈이 몇 년 했는데, 좀 더 깊이 있는 공부를 하기위해 이 연수원에 들어왔다고 했다.

그녀는 다니는 직장에서 사표내고 피아노교사로 학원을 차려보고 싶다고 자신의 포부를 얘기했다.

나는 그녀의 공부 과정을 알고 싶어 어디까지 공부하였느냐고 물었다. 그녀는 쏘나타까지 마쳤다고 말했다. 소나타를 마쳤다고 소나타를 가르칠 수는 없다. 그녀의 경험이 별로 없는 듯하여 나는 체르니와 소나티네를 지도하는 보조교사 근무로 S음악학원에 취직을 시켜주었다.

서울 시내 관인학원이나 교습소에는 교사가 모자라 나를 통해 매일 취직하는 사람이 둘 내지 네 명 정도는 되었다.

7~80년대는 과외공부에 피아노가 필수적이라 할 만큼 많은 어린이와 성인들이 배웠고, 집에서는 피아노를 가보로 여기던 때였다.

음대 피아노과 졸업생은 자기가 학원을 차렸거나 아예 다른 직으로 옮겼기에 교사가 많이 모자랐다. 수요는 많고 공급은 부족했다.

음악학원과 교습소에서는 월급을 많이 주는 음대 졸업생보다는 고등학교를 졸업하고 실력이 좀 부족한 사람을 뽑아 월급을 적게 주었다.

김연숙은 피아노교사를 그만두고 동네에 작은 피아노 교실을 차린다며 나를 찾아왔다. 피아노 교실을 꾸미려면 교실 환경과 구색을 갖추어야 하기에 세계 음악가 사진, 음악에 대한 선전물, 레슨 교본 등 갖출 것이 많다.

나는 모든 자료를 구해 교실 환경을 꾸며주었으며 그녀는 몇 년 동안 잘 운영해 나갔다. 하루는 집에서 시집가라고 야단이라며 상대가 없어 고민 중이라고 했다. 그런데 얼마 후 친구의 소개로 한 남자를 만나 인연을 맺었으나 고민이 많다고 하였다.

남자 부모가 우리 집 며느리는 대학을 나와야 며느리 될 자격이 있다며 자식 5남매 중 위로 형 셋이 다 대학 졸업한 며느리를 보았다는 것이다. 남자는 서울대 공학과를 나와 삼성전자에 근무하고 있다고 했다. 그녀는 기회를 보아 고등학교밖에 못 나왔다는 이야기를 해야겠다고 생각하고 있는데 그 청년이 학원에 찾아왔다고 한다.

이런저런 얘기 끝에 "나는 정규 대학을 못 나오고 '대한음악지도자협회' 연수원을 졸업했다."라며 졸업 사진첩을 보여주었다고 했다.

청년은 자신이 음악에 문외한이라 음악인을 선호한다며 부모님한테 설득하겠으니 걱정하지 말고 기다려달라고 했단다.

내 생각에는 그녀의 외모와 졸업 앨범에 효과가 있었던 게 아닌가 하는 생각이 든다. 그녀는 몸매가 날씬하고 얼굴이 예뻤다. 또한 음악연수원 졸업 앨범도 대학 졸업 앨범보다 화려했다.

남자는 부모에게 그녀가 음대를 나와 피아노학원을 운영한다고 인사시켰다 한다. 지금은 결혼하여 아들 하나, 딸 둘을 낳아 행복한 결혼생활을 한다며 자랑삼아 얘기했다. 그날 김연숙은 아이들 뒷바라지로 한동안 쉬었다가 아이들도 크고 할 일이 없어 피아노학원을 다시 운영한다고 말했다.

"그때 사장님을 만나게 되어 음악연수원 나온 것이 나의 생에 가장 큰 보람이며 삶의 결정적 역할이 되었다."라고 내게 고마워했다.

그녀는 옛 추억을 회상하며 협회의 부진한 소식을 듣고 안타까워하며 나를 격려해 주기도 했다. 언제 다시 만남이 또 이루어질지는 모르겠으나 좋은 인연과의 만남은 반갑고 즐거웠다.

만남과 헤어짐은 살아가는 행로의 연속이겠지만 한 인생의 길라잡이 역할에 보람을 느낀 하루여서 헤어지는 발걸음이 가벼웠다.

〈스토리문학〉 2011년 여름호

영화 「내시(內侍)」를 보고

영화 「내시」는 명종의 방사(房事) 장면으로 젊은 나이에 죽음을 맞는 내용이다.

명종의 생애를 보면 1534년에 태어나 1567년에 승하한다. 12살에 임금이 되어 22년 간 왕의 자리에 있다가 34세의 젊은 나이에 죽음을 맞는다.

명종은 20년 간 마마보이로 어머니 품에서 꼭두각시 임금으로 살다가 어머니 문정왕후가 죽고 2년 간 자신이 친정을 하다가 생을 마감한다. 꼭두각시 권자에서 자신이 소신껏 정치를 못하고 어머니 품에서 눈치 보며 생활하다 보니 통치에는 관심이 없고 방탕의 길로 세월을 보내지 않았나본다. 구중궁궐 속에서 밖에는 나가지 못하고 가장 가깝게 대하는 것이 후궁들이라 여자에 관심이 많았다고 예측된다.

'조선왕조'에서 침전은 내시부(內侍府)가 관장한다. 즉 내시부에서는 궁중의 모든 일을 심사 감독하며 왕명을 전달하고 맡아보는 관부다. 여기에 내관들이 있으며 내시들로 이루어진다. 내시는 성욕을 제거하기 위해 남자의 성소(性巢-고환)를 제거한다. 왕은 내시부를 통해 돌아가며 후궁들과 합방한다. 그 중에도 장 씨라는 무수리 출신의 여인을 자주 만난다고 야사에는 나온다.

영화 「내시」에는 호조판서(최남현)가 자기 출세를 위해 왕궁에 들어가기 싫어하는 딸을 후궁으로 들여보낸다. 딸은 이미 사랑을 속삭여 미래의 약속까지 맺은 남자가 있었다. 이 남자(신성일)가 후궁으로 들어간 여인(윤정희)을 잊지 못해 남자는 자기 고환을 제거하고 내시로 들어간다. 남자는 궁 안에서 틈을 타 연인과 자주 만나 사랑을 나누다가 내시부에 들켜 감방 신세를 진다. 명종은 둘의 관계를 알고 그 내시를 옆방에 두고 문 한 개 사이에서 연인과 정사하는 장면을 보여준다. 내시는 괴로움 속에 부들부들 떨고 후궁은 원한을 갖는다. 결국 내시는 감옥에서 고통을 받고 후궁은 왕에게 복수의 칼날을 품는다. 왕과 후궁은 잠자리에서 정사를 하면서 그 여인은 자기 머리에 뾰족한 송곳을 꼽고 한참 무르익는 정사에서 왕의 머리 뒤 급소를 찔러 죽이고 자신도 죽는다. 왕의 죽음을 안 왕비는 궁 안에 함구령을 내리고 장사를 치른다.

나는 이 영화를 보고 실록과 야사로 명종의 생애를 더듬어 본다. 야사에서는 종아리 맞는 마마보이, 지나친 방사와 화병으로 인생을 마감한다고 기술한다. 명종은 유언(遺言)을 하다가 살아나 2년 후에 다시 죽는다. 조선왕조에서 유언을 하면서 죽은 임금은 명종밖에 없다고 한다. 1534년 갑오생(甲午生)인 명종은 말띠 해에 태어났다. 말은 달리기에 적합해 다리와 목이 길고 쉼 없이 오래 달릴 수 있다.

동서양을 막론하고 군사용으로 이용한 가축으로 체력, 정력, 활력 등을 지닌 동물이다. 그런 말띠의 명종이 말처럼 잘 달렸으면 얼마나 좋았을까 하는 생각이 드나, 어머니 문정왕후 채찍에 휘둘려 비틀거리며 비참하게 살다간 인생이다. 두 번의 유언도 믿기지 않지만 더욱 비참한 점은 왕의 권좌에서 꾸중과 핍박, 조롱으로 세월을 보냈으니 얼마나 괴로우며 한탄을 했을까 짐작된다. 왕이 무슨 일을 하려면 문정왕후는 자기 마음에 안들 때면 "주상이 보위에 오른 것이 누구의 덕인 줄 아십니까? 나와 우리형제 힘이 합쳐서 된 것을 어찌 모르시오? 주상은 가만히 앉아 복을 누리면서 나의 명령을 거역하는 거요?"라면서 화가 날 때는 종아리를 때렸다. 왕은 어머니 폭언에 그저 눈물만 흘리면서 아무 대꾸도 못했다고 야사에는 기술한다. 나는 그런 명종을 미뤄 짐작해 보면 통치에는 손을 떼고 오직 방탕의 길로 세월을 보내며 자연 여자에 흥미를 갖지 않았나싶다.

명종에 관한 영화나 드라마는 「내시」 「문정왕후」 또 SBS 사극 「여인천하」에 잘 나타나며 허구가 많이 들어 선한 왕으로 극화된다. 하지만 역사 속에서의 문정왕후는 아들을 심하게 다룬 여인으로 유명하다.

필자의 저서 『허공에 맴도는 조선인의 그림자』 역사 에세이에서도 문정왕후의 무소불위 20년 권력을 기술했다. 동아방송 「천일야화」에도 문정왕후 동생 윤원형은 형 윤원로를 죽이면서 부정축재를 했고, 드라마 「옥중화」에서도 명종을 왕으로 섬기기보다 조카로 보면서 부정축재를 하는 장면이 자주 등장한다.

명종은 어릴 적부터 학문을 좋아했고 총명했다고 한다. 어머니 말이면 무조건 복종했기에 꼭두각시 인형으로 자라게 됐다. 조선왕들은 왕비와 각방을 쓴다. 왕과 후궁들의 잠자리는 제조상궁에 의해 이루어진다. 왕궁은 길일(吉日)을 택하여 합방해야 좋은 후사를 본다고 믿는다. 그러나 명종은 시간나는 대로 아무 장소에서나 합방을 했다고 한다. 그래서 그런지 후사가 없다. 겨우 순회세자를 얻었으나 13살에 죽어 중종의 후궁 창빈 안씨(국립묘지) 소생 덕흥군의 셋째 아들 하성군(선조)을 양자로 입적, 대를 이었으니 명종의 핏줄은 끊어진 셈이다. 조선의 왕들은 후사를 잇는 것이 제일 첫째 덕목인데 잇지 못했으니 큰 근심이며 조상에 큰 죄를 지었다고 생각할 것이다. 그런데다 정란에 시달려 화병을 얻었으리라 본다.

명종은 즉위년에 을사사화가 일어나 수많은 사람이 죽고 인재를 잃었다. 반대파 대윤(윤임)의 싹을 자르기 위해 「정미사화」 「을유사화」에 「을묘왜변」까지 겹쳐 하루도 편안한 날이 없었을 것이다. 왕실이 불안한데다가 도적 '임꺽정난'까지 겹쳤으니 2중 3중으로 고난을 겪어 몸은 쇄약해지고 외환내환으로 죽음을 맞았다고 본다.

어머니 문정왕후가 죽고 이제 내 마음대로 정치를 해보겠다고 마음을 굳혔는데, 통치 2년 만에 저 세상으로 갔으니 얼마나 분하고 억울했을까! 동정심이 생긴다.

야화에서는 정사를 하다가 죽음을 맞이했고, 실록에는 질병으로 죽음을 표했으나 어찌됐든 어머니 그늘에서 기 한 번 펴보지 못하고 살다가 죽었다.

『명종실록』을 보면 이조와 병조에 재상이 있는 줄은 알아도 임금님이 있는 줄은 모른다는 기록이 있다. 얼마나 왕이 무능했으면 이런 말이 나올까? 왕의 고유 권한인 인사처마저 척신들에 의해 장악되고 있었으니 얼마나 허수아비 임금이었나 싶은 생각마저 든다. 공릉, 삼육대학교 정문을 지나면 초록색 철문이 숲으로 들어가는 길을 막고 있다. 능의 초입에서 홍살문이 있는 곳까지 나무가 우거져 대낮에도 어둑어둑하다.

나는 이곳을 가끔 지나다 보면 명종의 어두운 인상을 보는 것 같아 불쌍한 생각이 든다. 또한 자신의 치적에 큰 오점이 생겨 안타까운 마음마저 들기도 한다.

〈수칠춘추〉 2018년 봄호

홀수(數)의 개념(概念)

수는 인간의 일상생활과 밀접한 관계를 갖고 있다.

선조들은 관습으로 홀수를 좋아하고 짝수를 멀리하는 경향이 있었다. 동양의 음양(陰陽)관계에서 홀수는 양수, 짝수는 음수로 보기 때문인 것 같다.

단군의 건국설화를 보면 3을 선호했다. 조선의 삼성(三聖)은 환인(桓因)·환웅(桓雄)·단군(檀君)이며, 환웅은 환인의 명을 받고 조선이라는 나라를 세울 때 풍백(風伯-바람)·우사(雨師-비)·운사(雲師-구름)의 3신(三神)인 3위 태백과 3천 명의 무리를 이끌고 태백산(현-묘향산) 신단수 아래로 내려와 나라를 다스렸다고 한다.

또한 환웅은 신시에 사는 처녀, 웅녀와 결혼하여 단군을 낳아 홍익인간(弘益人間)을 추구하기도 했다.

단군조선이 개국하기까지 3이라는 홀수 문화가 깊게 연관되었다. 한강 이남의 마한·진한·변한의 3한도 그러하며, 그 후 마한은 백제, 진한은 신라, 변한은 가야국으로 태어난 것도 그런 맥락이 아닌가싶다. 그리고 삼국시대에 불교 문화를 받아들이면서 3이라는 숫자는 더 한층 우리 민족에 뿌리를 박는다.

역사를 상고해 보면 삼국(고구려·백제·신라)과 고려시대는 불교를 국교로 삼고, 3의 숫자가 곳곳에 나타난다.

고구려의 상징인 삼족오(三足烏)는 검은 새로 다리가 두 개 아닌 세 개로 태양을 나타내며, 고구려 시조 동명왕은 삼족오 깃발 아래 나라를 다스렸다. 불교 문화는 일찍이 3을 선호했기에 법당에 3불상을 모셨다. 절을 건축할 때도 문이 세 개나 다섯 개로 지었다. 불교의 상징인 석탑도 3·5·7·9층으로 홀수였음은 물론이다.

오행(五行)에서도 3은 5상에 첫 번째 仁, 계절로는 봄, 방위는 동쪽이다. 시간으로는 아침이요 인생으로는 소년기다. 또한 오행의 木·火·土·金·水의 첫 번째 木에 해당된다. 봄은 만물이 깊은 잠에서 깨어나 기지개를 펴고 새싹을 발하는 시작이요, 동쪽에는 아침 해가 뜨는 희망의 첫출발이다. 아침은 어둠이 사라지고 해가 뜨는 순간이며 인생의 소년기는 삶의 기본이 잡혀가는 시기라 우리 조상들은 3을 더 선호했는지도 모를 일이다.

우리의 선조는 하늘은 둥글고 땅은 네모로 보았다. 둥근 하늘을 4방향과 8방향인 32방향으로 보아 그 가운데 하느님이 존재한다고 믿기에 3.3은 하느님의 숫자로 본다. 그래서 서른세 번을 쳐서 아침을 알려 일터로 나가게 하는 타종을 파루(罷漏), 저녁 잠자리 들게 하는 타종은 봄·여름·가을·겨울과 일곱 자리 별자리를 곱하여 28번을 쳐 인정(人定)이라고 한다.

고려의 태조 왕건도 고려를 건국할 때 3대 지표(민족화합·북진정책·숭

불정책)를 세워 통치했으며, 3이라는 숫자는 여러 번 나타난다. 고려의 '3은'이라면 포은–정몽주·야은–길재·목은–이색을 이른다.

이성계도 조선을 세울 때 3대 목표(문화정책·사대교린·경제정책)로 500년을 이어왔다. 조선의 3대 '청백리'라면 세종 때의 황희 정승·허조 대감, 명종 때 상지 정승을 가리킨다.

역학(易學)에서도 3을 기본으로 한다. 관상(觀相)·수상(手相)·골상(骨相)·족상(足相)·제상(臍相) 등 모두가 3이 근간이다. 그런가하면 3대 재앙도 인재(人災)·풍재(風災)·수재(水災)로 분류한다.

조선인의 3·1만세 운동의 기폭제가 된 민족대표 33인도 하느님의 숫자 3.3을 택했다고 본다. 원래 민족대표는 48명인데 3·1민족대표 손병희는 천도교 제3교구다. 천도교 교리가 '인내천'이다. 3을 나타낸 하늘·땅·사람으로 하느님이 있는 천손민족(天孫民族)을 나타낸 서른세 명으로 하였다고 본다. 이렇듯 3은 우리 민족의 고정 관념이요, 우리 생활의 기본 철학으로 삼았다.

홀수는 밝고, 짝수는 어둠수라 2·4·6·8·10 숫자 중 2는 망자(亡者)에게 두 번 절하지만 산 사람에게는 한 번만 절을 한다. 4는 '죽을 사(死)'자라 하여 동양 사람들은 잘 쓰지 않는다. 병실에서나 엘리베이터에서도 4층은 영어 철자 F로 대신 쓰기도 한다. 6은 불행을 가져온다하여 불미스러운 사건이 자주 발생한다고 믿는다.

순종이 죽은 1926년 6·10만세 사건, 백범 김구도 1949년 6월 26일 안두희 총에 암살당했다. 1958년 2월 16일 KAL기 납북, 박정희 대통령도 1979년 10월 26일 김재규 총에 피살됐다. 그리고 끝자리가 0인 년도에는 큰 사건이 자주 발생했다. 1910년 경술국치, 1950년에는 6·25한국전쟁, 1960년에 4·19 발생, 1980년에는 5·16 민주화운동이 일어났다.

조선 왕조는 다섯이라는 숫자가 근간이다. 유교 문화에서 오행을 기본으로 했기에 조선을 개국한 이성계는 仁·義·禮·知·信 5덕(五德)을 국가 시책으로 삼아 궁궐을 보호하는 사대문(四大門)을 세웠다. 동쪽에는 仁자를 따서 흥인지문(興仁之門), 서쪽에는 義자인 돈의문(敦義門), 남쪽에는 禮자를 따서 숭례문(崇禮門), 북쪽에는 知자인 홍지문(弘知門)을 세웠다. 한양 중심부에는 종을 울려 백성들이 잠을 자고 일어나게 하는 보신각(普信閣)을 세웠다. 그런가하면 왕이 거처하는 5궁(경복궁·창경궁·창덕궁·덕수궁·경희궁)을 세웠으며, 궁의 근간이 되는 근정전·인정전·명정전·중화전·숭령전 모두가 문이 다섯 개로 지어졌다. 창덕궁의 인정전 용마루에는 꽃이 다섯 개로 조각되어 있다. 또한 유교의 근간인 제사의 상차림이나 축문도 다섯 줄로 한다.

조선 왕조가 5를 숭상하다 보니 어디서든 다섯을 기본으로 한다. 그래서 노래에도 오색(五色) 찬란하다는 가사가 등장한다.

서양에서는 7을 선호하고 '럭키세븐'이라며 희망의 숫자로 불린다. 또한 기독교 문화가 자리 잡아 하나님이 세상을 창조할 때 7일 걸렸다고 한다. 무지개 색깔도 7가지요, 요일(曜日)도 7일로 되었다. 그런가하면 음계도 7음계(도·레·미·파·솔·라·시)다. 이렇듯 동·서양을 막론하고 홀수문화는 우리 생활 속에 깊이 뿌리내리고 있다. 홀수를 좋아하는 우리 민족은 넉넉함을 생활의 근본으로 삼았으며 어쩌면 천·지·인(天·地·人)이라는 3의 근본 원리를 숭배했던 사상에서 유래했으리라 본다.

오행(五行)에 따른 5덕(五德)을 근간(根幹)으로 하는 문화가 오늘날 우리 생활 속에도 깊이 박혔다고 본다.

국가의 상징인 국화(國花)도 꽃잎이 다섯 개인 무궁화를 선택했으며, 국기(國旗)인 태극기(太極旗)도 오색(白·赤·靑·黑·黃)으로 구상하지 않았나 생각된다. 이렇듯 우리민족은 홀수문화 속에 자리매김하면서 오랜 역사를 이어온 지도 모를 일이다.

〈수필춘추〉 2017년 가을호

황금 개띠 해의 소망

2018년 무술(戊戌)년은 황금 개띠의 해다.

무술년은 60갑자(甲子) 표기 중 35번째에 해당되며 무(戊)는 황금색을 나타내고 술(戌)은 개를 의미한다.

왠지 '황금개띠'하면 푸근하고 풍요로운 느낌을 받는다. 개라는 동물은 인간에게 가장 친숙한 동물이기 때문이 아닐까하는 생각이 든다. 또한 황금이라는 단어가 앞에 붙으니 누렁누렁한 이미지가 겹치고 '황금'이라는 두 글자가 풍요로운 감정을 이루어 더욱 친숙함을 느낀다.

개띠 생은 애정이 깊은 사람이고 표면적으로는 좀 내성적이며 부끄러움이 많다. 자연스럽게 약자를 돕는 타입이라고 하며 신뢰를 얻고 리더격 존재로 남들하고 잘 어울린다고 한다. 개띠의 장점은 대인관계가 뛰어나고 가족이나 지인에게 섬세한 배려심을 발휘하여 미래 일을 준비하는 능력이 뛰어나다고 한다. 금년 무술년은 이 해에 태어나면 무술생은 삼재(三災=寅午戌(인·오·술)가 들어 있어 나쁘다고는 하나 2018년은 날 삼재라 하여 모든 재앙이 사라진다고 한다.

무(戊)가 들어간 해는 역사적으로 보면 국운(國運)이 상승하여 구심체의 현상을 보여 왔다. 1598년 무술년은 '임진왜란'(1592)이 일어나 7년 조·일전쟁 막바지에 '풍신수길'이 사망하여 전쟁이 끝났다. 또한 기원전 2333년 무진년은 단군조선이 개국을 했고, 서기 668년 무신년은 신라가 삼국을 통일했으며 698년 무술 해는 발해가 건국하였다.

1948년 무신년은 대한민국 정부수립이 이뤄졌으며 1988년 무진년은 우리나라에서 첫 번째 역사적 서울 올림픽이 열려 국위선양과 경제발전을 가져왔다.

금년 무술년은 평창올림픽이 2월 9일 개최된다. 이렇게 황금 개띠의 해에 국가에서는 세계가 주목받는 행운의 평창올림픽이 전 국민의 여망 속에 크게 성공을 거두리라 본다.

이 해는 올림픽을 통해 남과 북이 하나가 되어 전쟁 없는 평화와 행복이 함께하는 대한민국이 되기를 소원해 본다.

2018 무술년 황금 개띠의 해는 가정이나 개인이나 희망이 싹트는 한 해가 되기를 기원한다. 기쁨은 (+)더하고 슬픔은 (−)빼고 사랑은 (×)곱하고 삶을 함께 (÷)나누며 행복이 넘치는 2018년, 희망을 갖고 내일을 창조하는 마음으로 올 한 해 보내기를 간절히 소망한다.

〈수필문학〉 2018년 1·2월호 무술년 특집

제3부 달래강이 흐르는 내고향

1951년 1·4후퇴

올해(2014)는 1·4후퇴 63년째가 된다.

6월 25일 현충원에서 대통령이 각료들과 함께 1950년 한국전쟁 발발 63주년을 맞아 수많은 영령들을 위로하는 추도식 장면을 시청하면서 나는 그때를 되돌아 본다.

나의 기억으로는 6·25한국전쟁이 일어난 1950년 때보다 그 이듬해(1951)가 더 고통스러웠다. 그때의 참담했던 1·4후퇴를 상기(想起)하며 몸서리치는 기억을 떠올린다. 그 당시 우리 집은 충청북도 충주 용두리에 있었고, 나는 열두 살이었다. 어린 나이였지만 유엔군과 국군이 압록강까지 진격했다는 소식을 듣고 기뻐했다. 그런데 1951년 새해 들어 중공군이 38선까지 내려왔다는 풍문에 모두가 불안해하고 주변은 뒤숭숭했다.

그해 1월에는 눈이 많이 내리고 유난히도 추웠다. 그럴 때 피난을 가야한다니 겁이 덜컥 났다. 1950년 6월에도 피난을 갔다 왔는데 또 피난을 가야하니 엄두가 나지 않았다.

우리 옆집에 한 형제처럼 친하게 지냈던 사람이 있었다. 아버지와 큰아버지가 그 사람의 권유로 그분 고향인 경상북도 점촌에 가기로 의견을 모았다. 아버지와 큰아버지는 피난대열에 끼면 보국대에 끌려간다며 따로 가기로 하고, 우리와 큰집 식구가 같이 떠나기로 했다.

우리 집은 어머니와 형, 여동생 둘, 남동생과 함께 6명이고, 큰집은 큰어머니와 사촌여동생 둘, 남동생과 함께 4명으로 모두 10명이 길을 떠났다.

어머니는 이불 위에 4살 여동생을 얹고, 형은 쌀을 담당하였으며 나는 2살 남동생을 업었다. 무척 추운 날씨에 눈보라를 맞으며 동생을 업고 갔다. 아이보다 더 무거운 미제 담요로 아이를 감싸니 어떻게나 힘든지 하루에 30리 밖에 걸을 수가 없었다.

첫날은 중원군 살미면에 계신 고모댁에서 유숙하기로 하고 늦게 도착했으나, 고모는 이미 피난을 가고 집은 텅 비어있었다. 우리는 주인 없는 빈집에서 자고 이튿날 문경세재까지 갔다. 수안보를 지나 어느 마을에 도착할 무렵 아이 울음소리가 들려 가보니 빈집에 한 살 먹은 아이가 울고 있었다. 버려진 아이였다. 그 아이가 아마 살았다면 63살이 되었을 것을 생각하니 지금도 마음이 짠하다.

새도 쉬어간다는 문경새재, 신립 장군이 임진왜란 때 가등청정과 이곳에서 싸우기 위해 진을 치기로 계획했던 곳이다. 산새가 험난하고 가파른 곳이다. 그곳에 도착했을 때는 날이 어두워 더 갈 수가 없어 산 아래 구릉지에 자리를 깔고 잠을 잤다. 워낙 추운데다가 눈 위를 걸어온지라 큰어머니가 몸살이 나서 몸을 사시나무 떨듯 추위를 이기지 못했다.

고통과 괴로움을 감내하고 따뜻한 물을 마셔가며 밤을 지새웠다. 정말 힘든 하루였다. 3일째는 문경새재를 넘었다. 눈보라를 맞고 눈길을 밟으며 산을 오르는 길이 지치고 힘이 들어 울면서 가는 피난길이었다.

고갯길을 오르다가 자칫 발을 잘못 디디면 미끄러지고 나뒹굴어져 나와 업힌 동생이 같이 울기를 수없이 반복했다. 형은 빨리 따라오지 못한다고 야단이다. 어머니는 힘들지만 내색을 하지 않으셨다. 이불을 진데다가 이불 위에 4살 여동생을 얹어가니 고개도 제대로 들지 못하고 땅만 내려다보며 걷는다. 그런데 여동생이 졸면 걷기가 더 힘들어 어머니는 이불을 툭 치며 졸지 말라고 했다. 문경새재는 가다가 쉴만한 장소도 마땅치 않다. 빽빽한 나무그늘이라 어찌나 추운지, 쉬는 것보다 힘들지만 천천히 걷는 게 차라리 수월한 편이었다.

피난길에는 군데군데 부서진 탱크와 자동차며 죽은 시체 등을 볼 수 있었다. 전쟁의 참혹상을 보면서 우리는 8일 만에 점촌에 도착했다.

우리 식구가 간 곳은 점촌에서도 떨어진 시골마을이었다. 지금 같으면 270리 길을 2~3시간이면 갈 수 있는 거리인데, 그때는 8일간 긴 여정의 고생길이었다. 30여 가구가 사는 마을, 우리 옆집에 살던 집의 부인 고향 친정집에 방 한 칸을 빌려 피난살이가 시작됐다.

나는 아침에는 산에 가서 나무를 했고 저녁이면 사촌여동생과 동네를 돌아다니며 밥을 얻었다. 산은 민둥산이라 나무가 없어 군데군데 떨어진 나뭇잎을 긁어 모아 지게에 짊어지고 왔다.

나는 먹고 살기 위해서 담배· 떡· 엿장사 등 안 해 본 것 없이 다 해 보았다. 밥을 얻을 때는 좀 여유롭게 보이는 이웃 마을의 기와집만 찾았으나 기와집보다는 오히려 초라한 초가집에서 밥을 더 얻을 수 있었다. 겉보기에는 넉넉한 집에서 더 냉대를 받았다.

우리 가족이 다시 충주 고향으로 돌아온 때는 봄이 지난 초여름이었다.

63년 전 12살 어린 나이인 그때를, 지금 반백이 넘는 70이라는 인생길에서 되돌아 본다.

이제 인생을 정리하는 뒤안길에서 남은 생의 건강을 챙기며, 양보하고 봉사하며 후회하지 않는 내일을 살겠노라 다짐해본다.

〈지구문학〉 2014년 겨울호

내 고향

나의 고향은 충주 용두리로 인심 좋은 고장이다.

지세가 용머리처럼 생겼다하여 옛날부터 용두(龍頭)라는 지명이 붙었다. 또 사과·배·담배 등 특산물만 생산되어 돈이 많이 생겨 용돈이라는 말이 붙기도 한다. 충주 시내에서 4킬로미터 떨어진 곳에 달래강(달천강)이 흐른다.

달천강은 용돈의 들판을 가로 질러 북한강 쪽으로 흘러가는 강물이다. 물 맑고 수질 좋기로 전국에서 제일이라고 한다.

달래강에 대한 애틋한 설화는 고향 사람들에게 마음 속 아픔을 주었다. 허망하게 죽은 동생을 안타까워한 누이의 말이 강 이름으로 유래되었다고 한다.

여름이면 아이들이 물장구 치고 멱 감던 강이 지금은 오염되어 그 옛날의 맑은 강물은 찾아보기 어렵다.

물줄기 따라 한참 내려가면 북한강과 마주치는 탄금대 두물머리가 나온다.

임진왜란 때인 1592년 4월 30일 신립 장군이 배수진을 치고 왜장 가등청정과 치열한 싸움을 하다가 8천의 군사를 잃고 대패한 곳이기도 하다.

우리집은 동네에서 제일 높은 곳 한가운데 있었다. 일제시대 일본 사람이 쓰던 창고를 개조해 방을 꾸미고 2층을 만들어 살았다.

나는 이곳 용두리에서 희망과 낭만, 애환과 슬픔을 맛보면서 자랐다.

우리집 2층에서 사방을 보면 동쪽으로 달래강과 충주 시내가 한눈에 들어오고 서쪽으로는 개울이 보인다. 남쪽으로 큰 산이 두 개가 있는데 종중산과 소대기산이다. 종중산에는 고조·증조·조부·아버지 형제들이 묻혀 있다.

옛날 천지개벽을 하여 물바다가 될 때 산이 다 묻히고 솥뚜껑만치 남아서 소대기산이라 한다. 어릴 적 한참 먹고 자랄 나이에 6·25한국전쟁으로 말미암아 지게지고 나무하러 자주 다니던 곳이다. 산 아래 밀밭에서 밀 서리하여 태워 먹던 일, 벌집을 쑤셔 벌에 쏘여 다음날 운동회에 나가지 못하고 울던 생각, 땔감 구하러 산에 갔다가 산판 주인에게 들켜 줄행랑 치고 아버지한테 꾸중 듣던 추억 등등, 내가 자랄 때 힘들게 하면서 고생시킨 산이다.

검단 개울은 동무들과 물장구 치고 다슬기 잡으며 그물 던져 모래무지 잡던 개울이다. 지금은 사방공사로 둑을 쌓고 모래를 채취하여 강물은 말라 풀만 무성하여 옛날 텀벙텀벙 물장구치던 개울은 찾아보기가 어렵게 되었다.

봄이면 아지랑이 피어오르고 종달새 지저귀는 소리 들으며 어머니 따라 들판에서 씨앗 뿌리던 일, 여름이면 배추·무 심고, 가을이면 황금 들판에 허수아비 바라보며 1년 농사 수확 끝에 탈곡기 돌려 벼 타작하던 즐거움이 그립다.

추석이면 동네마다 신파 구경 간다고 오늘은 이 동네, 내일은 저 동네 서커스 천막과 함께 딴따라패 구경하며 다리 밑에 모여 조잘거리던 친구들, 지금은 무엇을 하고 있는지 유년시절 생각에 가슴이 뭉클해진다.

겨울이면 우리는 방 안에 가만히 앉아있지 않았다. 썰매를 만들어 두 팔로 논두렁 얼음 위를 달리며 신나게 놀았고, 큰 아이들과 산토기를 잡으러 눈 덮인 산으로 돌아다니던 고향이다.

내 고향에 내가 졸업한 학교가 용두초등학교다. 그런데 고향에 내려갔더니 달천학교로 개명이 됐다. 교장이 모든 사람들이 용두는 잘 모르고 달천만 알아서 달천이라고 바꿨다 한다. 용두라는 말은 이 교장이 용머리처럼 생겼다하여 붙인 이름인데 그 뜻을 모르고 학교 이름이 바뀐 것에 대해 불편한 감정을 표현했다. 학교 이름을 교장 단독으로 바뀐 것에 대해 항의했지만 허전한 감이 드는 마음은 어쩔 수 없다.

초등학교 고학년이 되면 마음대로 놀 수도 없었다. 퇴비도 만들어야 하고, 솔방울도 따서 겨울 연료준비도 해야 하고, 싸리씨를 훑으러 산으로 가는 것이 숙제였다.

개교 30주년이 되던 해 교장이 서울에 올라와 창립기념으로 피아노가 필요하다고 요청하기에 나는 피아노를 기증했다.

운동회날 내가 선배로서 축하 인사말을 했던 학교가 이제는 입학생이 없어 폐교 직전에 있다하니 애향 애교(愛鄕愛校)의 마음이 쓸쓸하다 못해 슬퍼짐은 더 말할 나위가 없다. 가난했지만 마음 놓고 뛰놀며 즐거워하던 어린 시절, 무지개가 하늘에 수를 놓고 반딧불이 어둠을 밝혀주던 그 옛날, 내가 겪었던 일들이 한 편의 동화(童話) 속 세계인 양 아로새겨진다.

그 시절의 아이들은 자연과 완전히 하나 되어 생각이 건전하고 정서가 맑았으며, 모든 물질이 빈약한 시절이었지만 깊은 생각과 희망찬 포부로 꿈을 키웠다.

요즘 아이들은 아스팔트와 시멘트 위에서 자란다. 컴퓨터 게임과 적성교육·영어교육 등으로 친구들끼리 놀 시간이 없다. 눈만 뜨면 TV나 컴퓨터에 다가 앉는다.

고도로 발전된 문화의 혜택을 받고 사는 아이들의 모습을 보면서도 일말의 우려가 마음에서 떠나지 않는다.

나의 어린 시절 꿈을 먹고 살았던 옛날, 추억과 낭만이 담긴 내 고향이 그렇게 그리울 수가 없다.

〈청계문학〉 2015년 봄호

사모곡(思慕曲)

석양노을을 바라보며 병고에 시달리다가 돌아가신 어머니를 생각한다.

일제식민시대인 암흑기에 한 가정의 막내딸로 태어나 열일곱 살에 세살 위인 아버지와 결혼했다. 어머니는 가끔 젊은 날에 살아온 생활을 우리에게 이야기해 주셨다. 찢어지게 가난한 농촌으로 시집와서 둘째 며느리인데도 맏며느리 역할을 했으며 집안일을 도맡아 하셨다고 한다. 위로는 시부모와 결혼하지 않은 시아주버니, 아래로는 시동생이 둘이나 있었다.

어머니는 언제나 외로워 보였다. 젊은 나이에 결혼하여 의지할 곳이라고는 남편밖에 없는데 아버지는 무뚝뚝하고 잔재미가 없으셨다. 그런데다가 할머니와 사이가 좋지 않았다. 열한 살 막내시동생이 투정을 부리면 그 몫은 전부 어머니의 잘못으로 야단을 맞았다고 한다. 그래서 시동생이 뭐라고 하면 겁부터 났다고 한다.

아버지는 외삼촌과도 사이가 좋지 않았다. 어쩌다가 멀리서 외삼촌이 와도 본체만체했다고 한다. 정신적으로 위안을 받지 못한 어머니는 늘 괴로워했고, 대식구 가정에서 집안일과 농사일 등 온갖 고

생을 다하셨다.

어머니는 항상 새벽에 일어나 여덟 식구 밥하고 일터에 나가며 자식들 돌보느라 무던히도 애를 먹었다고 한다. 형을 임신한 만삭의 몸으로 물동이 이고 2킬로를 걸어서 물을 길어 먹었다고 한다. 늦게까지 일하다 들어와 저녁밥이 늦으면 할아버지와 시동생들은 저녁밥 늦게 준다고 화를 내기가 일쑤였다고 한다.

어머니는 7남매를 낳고 막내를 낳자 10여 년간 질병으로 시달리다가 오십칠 세에 돌아가셨다. 병원에 입원하기도 여러 번, 끝내는 위암 진단을 받고 퇴원한 후에도 좋다는 민간요법을 다해 보았다. 심지어 위암에 말똥이 좋다고 하여 말똥까지 먹었으나 아무 소용이 없었다.

70년 때는 의술도 그다지 발달하지 않아 위암의 권위자를 찾았지만 별 신통한 치료가 없었다. 지금 생각해보면 영양섭취가 부족한데다 고된 일하며, 정신적 스트레스 등으로 병을 얻은 것같다. 가난에 찌들어 밀기울로 멀겋게 죽을 쑤어먹고 쑥이나 무·감자 따위를 깡보리밥에 섞어 허기를 채웠다. 모든 것이 부족하던 그 시절, 짠 음식으로 주린 배를 채웠으니 위암이 생긴 것은 어쩌면 당연한 결과가 아닌가 싶다.

어머니는 항상 아버지의 눈치를 보며 우리를 감싸주셨다. 학교 갈 적에도 월사금(육성회비) 받아갈 때, 자식 대신 혼이 나며 7남매 건사하느라고 아버지에게 꾸중 듣는 일은 다반사였다. 위로는 시부모님의 질타, 남편의 무관심과 냉대, 집안에서는 살림 꾸리기, 밖으로는 힘든 농사, 아래로는 자식들 걱정 등 언제나 편한 날 없이 하루하루가 얼마나 힘들었을까. 하지만 어머니는 불평 없이 일만 하셨다. 소리 없이 나오는 한숨을 삭이며 속으로 흘린 눈물을 모았다면 아마 강물이 되었을 것이다.

어머니는 괴롭지만 자식들 희망으로 의지하며 살았다. 내가 제일 먼저 사범학교 졸업하고 교사로 발령받고, 형이 국정교과서주식회사에 취직하였으며, 여동생이 졸업과 동시 토목회사에 취직하니 동네 어른들이 모두 어머니를 부러워하셨다.

'고생 끝에 낙'이라고 젊었을 때는 온갖 고생하며 힘들게 살았지만, 이제 만면에 웃음꽃을 피우며 살겠다고 이야기들 하셨다.

어머니는 여행 다녀보는 게 소원이었다. 내가 6학년 담임으로 수학 여행할 때 처음으로 경주 여행한 것이 시집와서 처음이라고 한다. 학부형들과 같이 동행하는 자리에 그분들과 이야기하며 즐거워하신 모습이 지금도 생생하게 떠오른다. 어머니가 여러 해 병원신세를 지다보니 돌아가실 때는 아버지께 늘 미안해 하셨다. 항시 아버지를 생각하고 새 부인을 맞으라고 하셨다.

어느 날, 친척 소개로 한 여인이 왔다. 어머니는 "내가 부인 노릇을 못해 주었으니 아버지를 잘 모시라"고 하셨으나 자식들 반대로 들어오지 못했다. 가난한 집에 시집와서 병 얻은 자신은 생각지 않고 부인 역할 못한 것만 미안해 하시던 분이다.

어머니는 아주 추운 때 태어나서 한여름 무더위에 돌아가셨다. 그렇게 어린 나이에 시집와서 남편 사랑도 제대로 받지 못하고, 자식들 한참 잘되는 모습 볼 때 병을 얻어 회갑도 갖지 못하고 쉰일곱에 돌아가셨다.

나는 어머니를 생각하면 연민의 정으로 가슴이 쓰리고 눈물이 난다. 돌아가신지 43년이 된다. 짧은 생이지만 그래도 회갑 잔치라도 넘기고 돌아가셨으면 하는 아쉬움이 내 머리에 맴돌 때는 어머니의 그리움에 한없이 눈물이 난다.

나는 어머니의 사진을 책상 앞에 놓고 가끔 대화를 한다. 다섯 살 먹은 손녀가 사진을 보더니 "할아버지! 이 사진 누구에요?" "응 윤영이 증조할머니시다." "왜 그리 못 생겼어요?" 한다. 그 곱던 얼굴이 세월에 지쳐 강보다 깊은 주름을 파놓았고 별처럼 빛나던 어머니의 눈에는 검은 안경을 썼으니 손녀의 말이 틀린 것은 아니다. 나는 어머니의 제사를 지내기 위해 형님이 계신 장호원으로 내려간다. 내가 축문을 몇 십년째 쓰고 있다. 축문은 6남매의 그해 일어난 일을 보고하듯 계획하여 쓴다.

제사를 지낼 때마다 영정 사진을 보며 축문을 고한다. 어머니의 생전 모습을 떠 올리며 불러본다. 이승에서 고생한 삶, 저승에서는 행복하고 즐겁게 살기를 바란다고 기도해 본다.

〈현대문예〉 2015년 9·10월호

아버지 기일(忌日)을 맞는 소감

아침 해는 동산에 떠오르고 하늘에는 그믐달이 희미하게 광채를 잃으며 사라진다. 며칠 있으면 아버지 기일이 돌아온다.

나는 따뜻한 꿀 차 한 잔을 들고 창밖을 보며 동부간선도로에 힘차게 달리는 수많은 차를 바라보며 지난 일을 되돌아 본다.

형님이 아버지 제사를 주관하기에 나는 장호원으로 내려간다. 아버지는 추운 겨울에 돌아가셨다. 아버지 제사를 맞을 적마다 원망과 미움도 많았고 그리움과 동정도 많이 했다.

아버지는 1915년 을묘년 일제암흑기에 태어나셨다. 가난에 찌들어 공부도 못하고 평생을 농사로 사신 분이다. 아버지는 작은 농촌 시골에서 여덟 살에 똥지게를 지셨다고 한다. 그 당시는 재래식 농사라 모든 것이 손작업이다. 지금의 발전된 기계화 농사에 비하면 그때는 무척 고된 노동이었다. 힘든 농사에 지쳐서 내 자식만은 농사를 시키지 않겠다는 다짐이 아버지의 소망이었다. 또한 당신이 배우지 못한 한이 자식들에게는 까막눈을 만들기 싫다면서 어려운 살림에 농사지으며 6남매를 공부시켰다. 아버지는 4형제 중 둘째지만 장자 노릇을 했다. 큰 아버지가 객지생활을 한 지라 위로는 부모 모시고 밑으로는 동생들 뒷바라지하며 어려운 살림 꾸려나가기에 웃음을 찾아볼 수 없었다.

내가 여섯 살 때 우리 가족은 살림을 났다. 일본 사람이 쓰던 담배 창고를 개조해서 방을 꾸미고 2층을 만들어 살았다. 그래서 우리를 보고 이웃은 2층집 아무개라고 불렀다. 살림날 때 좁쌀 한 말 가지고 나와 죽을 끓여먹던 그때를 나는 잊지 못한다. 또 가난한 살림에 우리 산에다 밭을 일구어 콩·깨·밀 등을 농사짓던 옛날을 생각해본다.

아버지는 어려운 세상에 태어나 힘든 생활이라 그런지 자식들한테 한 번도 자상하거나 친절하게 대한 적이 없다. 우리 형제는 항시 무섭고 엄한 존재로 눈치만 보며 성장했으며 학교를 다녔다.

내가 중학교 때다. 봄이 되면 농촌은 바빠져 감자도 심고 벼 모종도 해야 한다. 형과 나는 아버지를 도와가며 농사일을 했다. 내가 시험공부를 하고 있을 때 아버지가 들판에 나와 농사일을 도우라고 하셨다. 이틀 후면 시험이라 공부를 다 마치고 좀 늦게 나갔다. "공부도 농사지으며 해야지 굶으면서 공부할 수 있느냐?"고 야단치셨다. 나는 물지게 지고 물을 나르다보니 모처럼 지다가 뒤뚱거리는 바람에 물이 쏟아져 물지게로 얻어맞아 10일 동안 팔을 못 쓴 기억이 난다.

또 한여름 담배 순을 쳐야하는데 위봉오리를 잘라 담배농사를 망쳐 3일 동안 집에 못 들어간 적도 있다. 어느 해 가을인가 메밀을 운반하기에 철로에 있는 철로마차를 이용해 운반하다가 메밀이 다 쏟아져 매 맞은 일들이 내 마음을 슬프게 한 기억들이다.

아버지는 작은 실수도 절대로 용서하지 않는 분이다. 지금 생각해 보면 그때 농사일을 시키면서 방법과 주의사항까지도 자세히 설명해 주었더라면 그런 실수는 하지 않았을 것 같은 생각이 든다. 나는 일년에도 수십 번 매 맞고 자라면서 기를 펴지 못하고 숨소리 한 번 제대로 쉴 수 없었다.

나는 사범학교에 들어가 중학교 교사로 진출하고 싶은 생각에 대학을 가야겠다고 생각했다. 아버지는 가정형편이 어려우니 네가 발령받아 형 등록금을 대주면 형이 졸업한 다음 대학을 가라기에 나는 학교에 근무하면서 아버지 말씀대로 따랐다.

그 후 대학을 포기하고 검정고시며 야간대학 시험도 치렀으나 번번이 아버지의 반대로 나의 소망은 꺾이고 말았다. 나는 대학을 단념하고 그동안 모은 돈 반은 아버지 생활에 보태고, 반은 적금(계) 들은 돈으로 부동산을 장만해야겠다고 집을 계약했다. 계약서를 보신 아버지는 "네 돈으로 땅을 사고 동생들 등록금 대는데 다 썼다."라고 하신다. 나는 계약금을 떼이고 집 사는 것도 포기하고 말았다. 며칠을 우울하게 보내며 내가 살아가는 의미와 희망이 퇴색해버렸다.

나는 홧김에 사표를 냈다. 아버지는 내가 사표를 낸데 대하여 15일 동안 말씀을 안 하셨다. 서울로 올라와 다른 직업을 선택했으나 여의치 않아 되는 일이 없고 힘만 들었다. 힘들게 살아온 세상 뭐하나 뜻대로 되지 않고 자포자기로 원망과 실의 속에 다른 길을 선택했으나 그것마저 세상이 알아주지 않으니 삶이 한없이 원망스러웠다.

이제 산수의 나이에 황혼을 바라보며 만감이 교차한다. 질병에 시달리며 정신과 육체가 한없이 메말라간다. '지난날이 다 부질 없는 일이구나, 아버지를 이해하고 참고 너그러울 걸'하는 후회를 해보기도 한다.

아버지는 어려운 형편에 자식 공부시키느라 온갖 고생과 가난과 싸우며 자식들 문맹자 만들지 않기 위해 힘든 날을 보낸 것에 비해 나는 내 생각이 좁았다는 마음이 한없이 뇌리를 스친다. 그때마다 아버지를 이해하고 좀 더 잘할 걸, 지혜롭게 대처할 것을 생각하면서 슬기롭게 대처하지 못한 점을 후회한다. 나 하나 희생으로 집안일 도우며 가정이 행복하고 부모형제를 기쁘게 한다면 큰 보람이 아니었을까 하는 생각이 든다.

요즘 만감이 교차하여 나도 모르게 지난 일을 생각하면 마음이 서글퍼진다. 지혜롭게 문을 열고 긍정적으로 상대를 이해하면서 양보하고 베풀며 살자는 마음을 갖게 한다. 남을 먼저 배려하는 마음이 열린 마음이 아닐까 생각해 보며 이번 기일에는 아버지 영전에 사죄를 드리면서 극락왕생하기를 소원해본다.

〈동대문문학〉 2015년 16호

금전 출납부

나는 1960년부터 지금까지 50년 넘게 하루도 빠짐없이 금전출납부를 쓰고 있다.

'기록은 인생을 풍부하게 한다'는 나 나름대로의 슬로건을 내걸고 그날그날 금전출납부에 수입과 지출을 기록한다.

50년 전의 금전출납부를 펼쳐보며 그 당시의 수입과 지출에 대한 품목을 더듬어 본다. 20권의 금전출납부를 연도별로 보면서 내 인생이 이 장부에 묻혀 허우적거리며 살아왔음을 실감했다.

적은 수입에 의존하면서 알뜰하고 참된 삶을 영위하기 위해 쓰기 시작한 금전출납부가 지금에 와서는 내 생활의 역사가 됐으며 나의 삶도 그려진다.

생활이 안정되고 여유가 있을 때는 글씨를 꼼꼼하고 차분하게 썼으며, 하루하루가 불안할 때는 마구 쓰기도 했다.

61년 6월 21일 제대 후 7월 3일에 복직 발령을 받고 그런대로 여유가 있어 마음이 안정되었는지 68년까지의 기록은 깨끗하게 정리되었다.

68년부터 74년까지 퇴직 후 잠시 피아노에 관한 일을 하다 보니 바쁘게 활동하고 마음이 불안한 시절이라 장부 정리가 엉망이다. 1974년에서 1980년까지 피아노, 음악협회, 임시 강사 등 세 가지 일을 볼 때는 제날짜에 쓰지 못하고 가끔 하루나 이틀 후에 기록했을 때도 있다.

1985년 정식 교사발령을 받고 꼼꼼하게 쓴 기록을 보며, 내 삶의 불안한 시절을 잠시 상기해 보았다.

금전출납부를 통하여 우리나라 경제 동향을 보면 급속도로 인플레이션이 심한 면을 볼 수 있다. 1961년 7월 제대 복직발령을 받고 근무할 때 월급이 10월-3만 4,500원, 11월-3만 6,510원이다. 1962년 6월 화폐개혁 이후 월급이 6월-4,699원, 7월-3,074원이다.

나는 1963년에 1만 원짜리 10년만기 우체국보험을 들었다. 한 달에 60원 내는 보험이다. 3,000원 월급에 60원은 그 당시 큰돈이었다. 10년만인 1973년 보험회사에서 1만 원을 받아 택시 몇 번 타고 물건 몇 개 사니까 다 없어졌다.

10년 사이에 화폐 가치가 그만큼 떨어졌다는 증거다. 힘들게 보험 저축하여 찾을 때는 쓸 게 없어 허무했다. 그래서 나의 신조가 보험에 들지 않는다는 것이다. 다만 단기저축이나 예금만 한다.

예나 지금이나 보험회사에서 보험 상품을 들고 찾는 외무사원이 많았다. 하루는 먼 친척 누님이 찾아와 교육보험을 부탁하기에 할 수 없이 들었다가 몇 달 불입하고 해약한 적이 있다.

1958년 교사 시절에는 퇴직 교장들이 외무사원이 되어 나를 찾아 권하기에 체면상 들었다가 해약한 때가 많았다. 나와 같은 경우가 나뿐만 아니라 내 주위에 여러 사람이 있었다. 그래서 그런지 보험회사 치고는 망한 보험회사는 한 군데도 없다. 해약하면 불입한 돈은 한 푼도 되돌려 받지 못하고 보험회사만 살이 쪄, 높이 서 있는 빌딩만 쳐다보면 괜히 화가 난다.

한편으로는 어쩔 수 없는 지출도 많았다. 몇 십년 동안 학교에서 이동하는 곳마다 친목회장을 보았기에 애경사에 빠지지 못하고 참석하다 보니 받는 쪽보다는 나가는 쪽이 훨씬 많았다. 나는 수없이 주었는데 나의 애경사 때는 부조를 많이 받지 못했다. 그래서 항상 손해 보는 느낌이 든다.

빛바랜 금전출납부는 매년 여러 가지 일과 나의 생활 형편을 알려주었다.

내 수입이 몇 년도 몇 월이 제일 좋았으며 어느 때가 경제사정이 좋고 나쁜 것을 알 수 있다. 또한 집안 애경사의 날짜와 비용을 알 수 있고, 내가 언제 이사를 했으며 비용은 얼마나 들었나를 알 수도 있다.

재산증식 과정에서 부동산 이익은 얼마였고, 현금 사정은 예금으로 어느 정도 모아졌는지까지 알 수 있다.

1970년부터 1979년까지 10년 총지출이 2,147만 3,000원이다. 그 당시 나의 한 달 수입이 20만 원에서 40만 원이다.

2001년에서 2010년까지 10년 사이는 수입이 3억 7,133만원이며 지출은 2억 7,051만 4,000원이다. 1980년에는 600만 원을 저금할 수 있었고, 2001년에는 1억을 모을 수가 있었다. 1970년에서 2000년까지 30년과 2001년에서 2010년까지 10년과는 수입 지출이 비슷하다.

수입을 늘리기 위해서는 지출을 줄여야 하기에 수입을 보면서 지출 항목을 따졌다. 그달그달 지출 기록을 보아 필요 이상의 지출이 없나 보고, 또한 수입이 적으면 지출도 줄였다. 그러다보니 저축 생활습관이 몸에 배어 내 생활의 지침서가 되었다.

젊었을 때는 수입과 지출을 맞추어 내 생활을 짜임새 있게 하기 위해 금전출납부를 썼다. 고희가 지난 지금에 다시 보니 이 기록은 내가 걸어온 발자취며 거울이 되었다. 내 인생의 여정이 숨겨져 있는 20권의 금전출납부, 먼지를 닦고 정리하며 덧없이 흘러간 내 삶을 더듬어 본다.

〈지구문학〉 2012년 봄호

제4부 분단된 조국을 생각하며

6월의 감상(感想)

6월은 호국에 대한 보훈의 달이며 한편 잔인한 달로도 느껴진다.

나는 6월을 맞으면 과거를 돌아보며 많은 생각을 하게 된다. 이 달은 현충일이 있고 6·25한국전쟁을 떠오르게 한다. 나에게는 6월이 주는 의미가 남다르다. 1950년 6월 25일 북한의 불법남침으로 민족상잔의 고통을 겪었기에 그때를 잊지 못하고 그 아픔이 되살아난다.

65년 전 1950년, 전쟁의 참화에 피난살이하면서 배고프던 시절 군인과 민간인 참살장면이 생각난다. 중공군 개입으로 51년 1월 4일 눈보라가 날리는 엄동추위에 눈길을 걸었던 괴로움과 슬픔, 굶주림에 허덕이며 콩잎팥잎 죽으로 연명하며 생활했던 어린 시절이 자꾸 떠오른다.

정부에서는 6월이 되면 순국선열과 호국영령 대한 보훈과 관련된 행사를 기획하고, 현충일에는 조기를 달고, 6월 25일은 기념식을 갖는다. 그러나 우리는 수동적인 의식전환에서 능동적으로 행사 의미를 뜻있게 새겨봐야 한다고 본다. 형식적으로 선열에 감사하고 떠들다가 시간이 지나면 슬며시 잊어지는 달이다. 해마다 반복되면서 한번도, 우리는 6월의 참된 의미를 되새겨 본다는 생각을 하지 않고 세월이 지날수록 망각되는 것이 안타깝다.

최근 신세대들은 6·25전쟁이 반세기가 훌쩍 지난 과거 사실로만 여겼고 그 의미의 소중함을 제대로 느끼지 못하고 있다. 더욱이 6·25 전쟁은 끝난 전쟁이 아니고 현재 진행 중이며 잠시 휴전 상태일 뿐 아직도 위협이 생존하는 분쟁상태라는 현실을 잊은 채 말이다.

지금 북한의 김정은 독재는 인민공화국이라는 허울 좋은 명분아래 사람 죽이기를 헌신짝 버리듯, 생명의 존엄이 사라진지 오래다.

서해 교전과 천안함 피격, 연평도 포격사건 등 기회만 있으면 침략을 일삼는다. 이런 현실을 좌파나 종북세력들은 외면하고 국가를 부정하며 정부를 비판하고 있다. 이 땅에 6·25를 겪지 않은 젊은이들이 자유와 행복을 추구하기 위해서는 역사를 알고 현실을 직시했으면 좋겠다.

지난번 여론조사 기관인 '리서치'가 성인 800명을 대상으로 실시한 여론조사에서 '우리나라 안보에 가장 위협적인 국가가 어디냐?'라는 질문에 미국이 39%이라는 응답이 북한 33%보다 더 많았다. 특히 응답자 중 20대가 미국이 58%, 북한이 20%로 3배 가량 달리하는 것으로 나타났다고 한다.

우리는 젊은이들이 북한을 막연히 동포라는 감성적 이유만으로 우리와 동일시하는 것은 아닐까 생각이 든다. 분명한 것은 북한이 1인독재 체제아래 공산주의라는 것이다. 또 북한은 아직 한반도의 공산화를 포기하지 않은 '적'이라는 사실이다.

우리는 공산주의 야욕으로 대한민국을 지키기 위해 자신과 가족의 희생을 감수한 선배 전우들의 숭고한 정신을 기리고, 국가 안보 속에 자유민주체제를 유지하기 위한 사명의식을 가져야 된다고 믿는다.

현재 우리는 선열들의 희생 대가로 안전과 번영을 누리고 있다. 우리의 풍요로운 삶 속에 6월은 열두 달 중 의미 없는 한 달에 불과한 시대를 맞게 될지도 모른다.

그러기에 역사 속에서 이름조차 기억할 수 없는 분들이 이 땅에 자유와 평화를 위해 고귀한 목숨까지 바친 소중한 달임을 다시 깨달아야 한다고 믿는다.

또 한편으로 6월은 잔인한 달이기도 하다. 수는 인간의 일상생활과 밀접한 관계가 있다. 동양의 음양(陰陽) 관계에서 짝수 6은 음수(陰數)이기에 불행을 가져온다는 징크스가 있다. '명리학'에서도 6은 오행의 수(水)에 해당되고, 계절로는 겨울이요 방위는 북쪽, 시간으로는 밤, 색으로는 흑이다. 6이 주는 감성은 컴컴한 밤에 모든 생물이 수면에 들어간 겨울이다. 어둡고 활동을 못하며 시작이 아니요 끝이 보이는 숫자다. 그러기에 잔인, 불행, 불미의 대명사 6이기에 6·25한국전쟁은 수백만 사람이 희생됐다고 생각하며 혼을 위로하는 현충일도 이 달에 들었다. 백범 김구도 6월 26일 안두희 총에 암살 당했으며 박정희 대통령도 10월 26일 김재규 총에 피살됐다. 조선의 마지막 임금 순종도 1926년 6월 10일에 '6·10 만세사건'이 일어났다. 1958년 2월 16일 KAL기 납치, 천안함 침몰 46명, 세월호 302명의 침몰도 4월 16일에 일어났다. 그러기에 대부분의 사람들이 좋게 보지 않는 6월을 '잔인한 달'이라고 보지 않나싶다.

나는 되도록 6이라는 숫자를 피한다. 귀중한 만남과 계약, 여행도 6이 든 날짜는 피한다. 좋은 게 좋다고 나쁘다고 하는 숫자를 굳이 택할 필요는 없다고 본다.

『운명, 숫자의 비밀』이라는 책을 발간한 정재원씨는 좋은 숫자와 나쁜 숫자가 있다며 숫자 선택에 운명이 좌우된다고 한다. 여하튼 나에게 6월은 한 번 다시 깊은 상념을 갖게 하는 달이다. 전쟁의 아픔에서 이름조차 기억할 수 없는 분들이 자유와 평화를 위해 목숨 바친 6월 6일 현충일을 기억한다.

진심어린 호국을 생각하며 행복한 삶을 누리기에 조국에 감사하고 대한민국에 고마움을 느끼며 6월을 감상해 본다.

〈수필춘추〉 2015년 여름호

한국전쟁 60주년을 맞는 경인년

2010년은 6·25한국전쟁이 일어난 지 60주년을 맞는 해로, 몇 십년 만에 국가행사로 치러졌다.

한국전쟁기념관에서 이명박 대통령 내외와 각부 장관들이 참석한 가운데 6·25 노래를 부르며 대대적인 행사를 가졌다.

한국전쟁 추모 행사에 대통령이 직접 참석하기는 처음이다. 이 날은 그 어느 때보다 감명 깊게 느껴졌다.

금년은 백호 해다. 백호는 호랑이 백 마리를 잡아먹어야 백호가 된다는 전설 속에 경인년을 맞는 해다. 천간에 경(庚)자는 10년 만에 돌아오며 천간에 일곱 자리 경, 즉 별경이라고도 한다.

1910년 경술년은 일본에 합방되는 경술국치를 겪었고, 1920년 경진년은 1919년 3·1운동으로 인한 애국지사나 독립투사들이 죽음과 고통을 많이 당했다.

1950년 경인년의 한국전쟁에는 수많은 사상자가 발생했고, 1960년 경자년에는 4·19혁명이 일어나 180명의 젊은 이가 희생 당했으며, 1980년 경술년은 5·18 민주화 운동으로 광주사태가 발생하여 수백 명이 피를 흘렸다.

2010년인 금년 경인년에 국내에서는 생각지도 못한 '천안함 사고'가 일어났고, 국외에서는 중국의 지진, 아이슬란드의 화산이 폭발했으며, 폴란드 대통령이 국무위원들과 육·해·공군 참모총장들과 함께 카틴 숲에서 비행기 사고로 전부 사망했다. 카틴 숲 사건은 1939년 제2차 세계대전 때 소련이 폴란드를 침공하여 1940년 경신년에 폴란드 장군과 지식인들 2만 명을 죽인사건이다. 70년만인 경인년에 그들의 추모행사에 참석하려 가다가 추락했다.

이렇게 '경'자가 들어가는 해에는 재난도 많고 사고도 많으며 기상이변도 심하다.

경인년 60주년을 맞아 정부 주최의 여러 행사도 개최하고 대규모 추모식도 열렸다. 대한민국의 정통성을 강조하는 보수주의 정권이 들어선 만큼 대규모 행사를 통해 60주년 의미를 아주 뜻 깊게 새겨야 한다고 본다.

나의 생각은 6·25전쟁을 모르는 젊은이들에게 교훈을 줄 수 있는 영상 작품들이 많이 나왔으면 좋겠다.

6·25한국전쟁을 테마로 한 영화로 「아이리스」가 있기는 하지만 더 좋은 영화가 나와 젊은 세대들에게 6·25전쟁의 진실을 알고 투철한 국가관과 애국심을 가져야 한다고 본다.

또한 전쟁 용어에 대해서도 '한국전쟁'으로 부르고 있으나 전쟁의 시기나 주제가 모호하기 때문에 나는 '6·25전쟁'으로 부르는 것이 옳다고 생각한다.

1950년에는 사변 또는 동란으로 불리기도 했으나 세월이 흐르면서 '한국전쟁'으로 정리된 듯하다

한국전쟁 60주년을 맞아 다시 한 번 이 날을 상기해 본다.

1950년 6월 25일 남침에서 1953년 7월 13일 휴전에 이르기까지 3년간의 전쟁으로 남·북한은 물론, 세계적으로 큰 영향을 초래했다.

3년 1개월 동안 국군과 유엔군이 입은 인명 피해는 77만 6천 명이었다. 중공군과 북한군의 피해 역시 200만 명이 넘었다. 민간인의 경우 남한이 100만 명, 북한이 150만 명 모두 250만 명의 인명 피해가 있었다. 그 당시 남·북한 인구 2,500만 명인 사실을 감안하면 전체 인구 10%가 죽거나 다쳤거나 행방불명되었다.

전쟁은 한반도를 초토화시켰다. 재산 손실액이 320억 달러, 320만 명의 피난민, 30만 명의 미망인, 10만 명의 전쟁고아 등으로 우리 사회의 기반을 뿌리채 흔들어 놓았다.

6·25전쟁은 국제적으로 '제2차 세계대전'이 끝난 후 5년 만에 발생한 준(準) 세계 대전이라고 해도 과언이 아니다.

한국전쟁이 일어난 지 60년이 흘렀지만 아직도 북한은 적화에 눈이 어두워 남한을 계속 괴롭히고 있다.

3월 26일 '천안함 침몰사건'으로 인해 해군 46명이 목숨을 잃었다. 천안함 폭침은 대한민국에 대한 북한의 공격일 뿐만 아니라 동족에 대한 집단 살인 행위이다. 지난 20여 년간 우리는 각종 물자 지원, 정상회담, 금강산 관광, 개성공단 등을 통해 수십조 원에 이루는

대북 지원을 해왔다. 하지만 우리에게 돌아온 것은 2002년 서해 교전에 6명 전사, 천안함 침몰과 연평도 포격 사건으로 민간인들의 주검뿐이다.

정말 참기 어려운 모욕과 파괴 공작이다. 우리가 무엇인가 보여주지 못하면 계속 돈 주고 뺨 맞는 상황에 빠질 것이다.

고통과 굶주림 속에서 헤매는 북한 주민에 대한 저들의 독재와 탄압은 더욱 심해질 것이 뻔하고 대한민국을 우습게 볼 것이다.

우리 국민은 항상 국론을 하나로 모아 적화 야욕에 철저히 대비하고 경각심을 가져야 한다고 믿는다.

〈시와 수필〉 2013년 봄호

나라를 걱정하는 마음

황혼의 삶을 보내면서 나라를 걱정한다.

팔순(산수)을 바라보면서 살아온 지난날을 자주 생각하게 된다. 우리 세대는 일제식민하에 굶주림에 허덕이며 이 땅에 태어났다. 나는 부모의 사랑을 받지 못하고 생계유지를 위해 자식보다는 일터를 먼저 생각하는 시대를 겪었다.

초등학교 입학할 때는 해방과 더불어 무정부 상태의 혼란기에 세월을 보냈다. 질서가 정리되지 않는 상태에 정부수립과 6·25한국전쟁이 발발하여 피난생활로 전전긍긍하며 살았다. 눈보라 휘몰아치는 엄동설한 타지에서 식사를 해결하기 위해 나는 엿·떡·담배장사 등 안 해본 것 없는 소년시절을 보냈다. 전쟁과 휴전 속에서 살기위해 그렇게 몸부림쳤으며, 가난한 시대에 나라의 소중함을 알고 자국을 지켜야 된다는 생각을 뼈저리게 느꼈다.

우리 세대는 힘이 있어야 나라를 지키고 국가를 보위할 수 있다고 배웠다. 일제식민 생활에서는 배고픔을 알았고, 전쟁으로 배움의 절실함과 폐허에 대한 고통을 겪었다.

이승만 정부에서는 멸공을 배웠고, 박정희 정권에서는 반공을 실천했다. 전두환의 제5공화국 때는 하급자가 상급자를 치는 12·12사건을 보았다. 김영삼 정부 때는 친공을 알고 김대중 정부 때는 멸공, 반공, 친공이 사라지고 종북세력(從北勢力)이 나라의 안녕을 걱정하게 만들었다.

나는 이런 세대를 겪으면서 황혼의 그늘에서 우국심(憂國心)을 갖게 되었다. 요사이 신문을 보면 '큰일 났구나'하는 생각이 든다. '교육은 국가의 백년대계'라 한다. 무엇보다도 교육이 바로 서야 국가가 존재하거늘 이 엄청난 기사는 크게 실망하지 않을 수가 없다.

충남의 한 학교는 교장이 전교조 교사 A씨에게 네 차례나 찾아가 출근 독촉을 했다한다. 학교 발령을 받은 A교사는 학교로 출근하지 않고 전교조 사무실로 출근하고 무단결근한다는 것이다. 교장은 A교사를 찾아가 간곡히 얘기도 하고 교육청에도 여러 번 전화를 했다 한다. 학교에서는 출근하지 않는 전교조 교사 때문에 지역 학교들이 골머리를 앓고 있다며 전교조 교사가 맡아야할 수업까지 대신 떠맡거나 시간 강사를 두어야 한단다.

교사는 그 무엇보다도 아이들 교육을 최우선해야 한다. 그러나 조직 때문에 학교 근무를 회피하고, 전교조 사무실로 출근하는 상황이 어떻게 설명해야 하는지 걱정이 앞선다.

아이들 교육보다 조직이 먼저라는 교사, 내 마음대로 처신할 수 있는 게 아니고 조직의 요구를 거부할 수 없다는 전교조 교사는 어느 나라 국민인가? B교사는 무단결근하고 내용증명서를 보내도 반송시키며 전화도 받지 않고 노조사무실로 달려가는 교사, C학교에서는 아예 기간제 교사를 두라고 통보하는 교사, D학교에는 몸이 아프다는 핑계로 연가를 신청하고 허가해준 학교, 교장이 출근 독려 설득에 나서도 정권이 바뀌면 전교조가 합법화된다며 학교장의 출근 권장을 무시해버리는 교사 등, 정말 한심하지 않을 수 없다. 학교가 무법천지다.

우리 세대가 교직에 있을 때는 상상도 못할 일이 현실적으로 벌어진다. 교육공무원 징계약정에 따르면 무단결근, 직장이탈, 금지위반 등은 최대 파면조치의 사유감이지만 대한민국의 헌법이 무시되는 현실이 안타깝고 서글프다. 이제는 전교조 교사가 학교를 떠나 민노총 총파업에 동참하여 도시 대규모 집회에 참여하여 교육이 부재돼도 교육부조차 손을 놓고 있으며 각 교육청은 정치권 눈치를 본다니 이 나라 교육은 어디로 가는지 한숨만 나온다.

'전쟁도 부모 동의를 받고 할 건가.'라는 기사는 육군 공병부대 지휘관이 지뢰 제거 작전에 투입할 장병들에게 부모 동의서를 받았다고 한다. 어느 부모가 자기 아들을 위험한 작업에 보내기를 찬성하겠나? 군대는 전쟁을 대비해야 하는 존재다. 군인은 명령에 따라 죽음을 각오해야 한다. 그것이 군대와 군인의 숙명이다. 이 전제가 지켜지지 않으면 군복을 입고 총을 들어도 군인이 아니고 군대가 아니다. 전쟁이 나면 싸워보기도 전에 이 부대는 와해된다.

나는 매년 국군의 날 기념식에 시내 한복판에 시가행진하는 늠름

한 국군의 모습을 보면 가슴이 벅차며 희망찬 박수를 보냈다. 그래도 사회 곳곳에 부정과 부패가 난무해도 군인들의 씩씩한 모습이 이 나라를 지킨다는 일념에 그리 즐거울 수가 없었다. 그런데 군인마저 실망을 안겨주어 정신 자세가 썩어빠졌으니 이제는 누구를 믿고 살아가나싶어 희망이 없어진다. 어쩌다 이렇게 부패되어 가는지 더욱 더 근심과 우국심이 생긴다.

우리의 애국심은 온통 상처투성이다. 애국심을 얘기하면 고리타분한 보수 골통이 되고, 이익 집단 또는 있는 사람들의 대변자가 되는 세상이다. 어쩌다가 '나라사랑'이란 말이 천덕꾸러기가 됐는지 모를 일이다. 애국심을 거론하지 말자. 하지만 지금 나라가 어디로 가고 있으며 어떤 상황에 놓였는지 직시하는 현실인식(現實認識)과 자아인식(自我認識)은 있어야 한다. 그것이 우국심(憂國心)이든 사국심(思國心)이라고 해도 좋다. 북한은 핵을 만들어 우리를 공격하려는데 우리를 지키는 사드(고고도 미사일 방어체계) 배치를 두고 개인 이익에 싸우고 있으니 한심한 생각이 든다. 나라의 경제도 어려운데 안보마저 흔들리니 더욱 걱정스럽다.

국가는 우리가 사는 터전이고 직장이며 함께 사는 공동체다. 그것을 감싸주고 보호하는 울타리며 나를 태어나게 한 어머니다. 그것이 나라인데 이런 대한민국이 '동네북'이 되고 있으니 한심하기 짝이 없다.

법이 무너지고 질서가 깨지며 대통령 알기를 우습게 아는 풍조,

내일이 암담하기만 하다. 이런 점을 극복하고 나라의 장래를 생각하는 관심, 조금 참고 양보하고 기다리는 자세, 스스로 책임지는 행동과 노력하는 마음이 시작될 때 나라의 민주의식과 단결된 국민적 통합이 아닌가 생각해 본다. 국민 모두 애국심을 갖고 국가 백년대계 지키기를 소망해 보는 마음이 간절하다.

〈수필문학〉 2017년 11월호

광복절의 소고(小考)

해마다 8월 15일이면 태극기를 내걸며 역사의 흐름을 생각해 본다.

오전 10시 광복절 기념식을 시청하면서 대통령의 여유 있고 당당한 모습과 자신감 넘치는 경축사에 나는 뜻 깊은 감동을 받는다. 경축사 한 마디 한 마디에 국가가 발전하고 세계 속의 한국이 있다는 자부심을 느끼게 한다.

세종문화회관 대극장에서 사법·입법·각부 장관·각 당대표·광복회 대표 등이 참석한 가운데 열린 기념행사는 그 어느 때보다도 엄숙하고 진지하게 보였다. 이 날은 각 지방에서도 기념식 행사가 진행된다.

광복절의 뜻은 두 가지로 생각할 수 있다. 첫째 우리나라가 1910년 나라를 빼앗긴 후 36년 간 일본의 압박하에서 사람 대접도 못 받고 암흑 속에서 고생하며 살다가 해방된 날이요. 둘째는 그로부터 3년 간 미군정을 거쳐 1948년 우리민족의 힘으로 민주국가를 처음 세운 건국일이기도 하다.

1945년 8월 15일은 제2차 세계대전에서 일본이 연합군에 패하여 항복하고, 우리나라가 일제 폭압 속에서 벗어나 광복, 되찾아 기념하는 국경일이다.

또 민족의 해방과 조국의 광복, 혹은 독립을 기념하는 차원에서 이 날을 법정 공휴일로 정했다. 그래서 8월 15일은 3월 1일 삼일절, 7월 17일(2008년부터 공휴일 아님) 제헌절, 10월 3일 개천절과 함께 4대 국경일로 온 국민이 이 날을 경축한다.

해방 1년 후 1946년 8월 15일은 좌·우익으로 갈라져 기념식이 치러졌다. 1948년 8월 15일은 대한민국 정부가 선포됨으로 광복과 해방이라는 의미 이외 건국이라는 뜻이 포함되어 1970년 광복절부터는 대통령이 참석하는 행사가 되었다.

광복절 행사에는 슬픔과 기쁨이 교차되기도 하였다. 1974년 기념식에는 우리나라에서 제일 처음 지하철이 개통되었지만, 육영수 영부인이 북한의 사주를 받은 문세광의 총에 암살당하는 사건이 발생했다.

1987년은 독립기념관이 개관된 해이고, 1995년에는 일제 잔재를 완전히 청산한다는 의미로 조선총독부(중앙청)가 헐렸다. 또 유명산에 꽂혀 있는 쇠말뚝이 뽑혔다.

조선총독부는 애국지사와 독립투사를 투옥하여 악랄한 수법으로 고문하고 죽였으며, 한글을 말살시키고 창씨 개명으로 조선의 혼을 뿌리째 없애버리는 본부(本部)의 구실을 했다.

풍수에 의존한 일본인은 삼천리금수강산에 민족적 정기를 받아

인걸이 난다는 유명산에 쇠말뚝을 박아 조선의 맥을 없애 일본 속국으로 만든다는 해프닝도 취했다. 초등학교는 황국신민(皇國臣民) 정책으로, 천황의 나라에 신하된 백성의 뜻으로 국(國)자와 민(民)자를 따서 국민학교의 일제 잔존 말을 초등학교로 바꿨다.

우리는 일제의 잔존을 정리하면서 해방만큼이나 많은 역사가 담긴 광복절, 순국선열들을 추념하고 민족의 해방을 경축하는 국경일을 넘어 이제는 한반도의 평화와 통일, 더 나아가서는 동아시아의 평화를 기원하는 기념일로 그 의미를 발전시켜 나가야 하겠다.

조상은 어찌하다 구한말 나라를 빼앗겨 온갖 고생을 하였나? 역사를 상고해 보면 서글퍼지고 애석하기도 하다. 나라가 강건하려면 당쟁과 내분의 반목이 없어야 한다는 것을 절실히 느낀다.

국력을 키우고 애국하기보다는 개인의 이익에 눈이 어두워 자신을 먼저 생각하는 관습이 엄청난 비극을 초래했다는 사실, 나는 그런 역사를 실감했다. 나라 없는 서러움에 온갖 고초를 당하다가 해방을 맞아 자유를 되찾고 즐거워했으니 나라가 얼마나 소중한 지 다시 한 번 생각해 보아야 한다.

광복의 역사를 통하여 자라나는 젊은 세대가 올바른 국가관을 가지고 남북이 대치한 상황 속에 대한민국을 지켜주었으면 하는 바람이 크다.

무분별한 종북세력은 대한민국을 부정하여 태극기를 무시하고 애국가도 부르지 않는 불순분자들이기에 더욱 걱정된다.

우리나라는 해방 이후 6·25한국전쟁, 4·19혁명, 5·16쿠테타, 10월 유신, 5·18광주민주화운동 등 격동의 세월을 보내고 어려움을 겪으면서 많은 발전을 이룩해 원조를 받는 나라에서 원조를 주는 나라로 발전했다.

경제대국 분기점인 GNP 2만 달러를 넘어 'G20정상회의 의장국'이 됐으며, 2012년 핵안전보장정상회의를 의장국으로서 진행했다는 사실은 대한민국의 위상에 대하여 시사하는 바가 크다.

우리는 농사를 주로 짓던 농경사회에서 산업사회를 거쳐 정보사회로 탈바꿈하면서 세계10대 수출대국으로 부상했다. 이런 경제적 부흥을 발판삼아 86년 아시안게임, 88년 올림픽, 93년 대전과 2012년 여수 엑스포 등 굵직한 세계 대회를 연달아 개최하였다.

2002년에는 월드컵을 유치하였으며, 2012년 런던올림픽에서 203개 참가국 중 제5위라는 유례없는 성과를 얻어 세계 속의 한국으로 부각시켰다. 그러나 나는 이렇게 생각한다. 우리나라가 잘 살고 경제가 발전하여 물질만 풍부하다고 선진국이 되는 것은 아니다. 물질문명과 병행하여 정신문명이 뒤따라야 한다고 믿는다.

정신적으로 잘 산다는 것은 이 세상의 진리를 깨닫고 그 진리에 맞게 사는 인간다운 삶을 말한다. 인간답고 바르게 살지 못하면 항상 마음이 불안하고 행복하지 못하며 선진국 대열에 끼지 못한다. 질서 있고 친절한 태도, 예절바른 행동, 정돈된 깨끗한 거리, 푸른 산과 들, 맑은 시냇물, 파란 하늘 등, 공중도덕과 자연의 아름다움이 대한민국의 특색으로 굳어져 세계인들에게 곱게 인식되도록 노력해야 한다고 믿는다. 그런데 현실은 그렇지 않다는 것이 안타까울 뿐이다. 우리는 한결같이 따뜻한 마음으로 나보다 남을 먼저 배려하는 마음, 국가를 먼저 생각하고 봉사하는 마음이 싹틀 때 세계 속의 한국이 발전할 것이다.

지구촌의 삶이 TV화면에 비추어지는 다문화 시대에 수많은 관광객이 찾아오며 다시 오고 싶은 나라, 대한민국이 세계 속에 울려 퍼질 때 애국선열 앞에 떳떳한 광복국가가 될 수 있다.

또한 온 국민의 마음씨가 따뜻하게 느껴질 때 충실한 삶이 유지되며 광복과 건국의 참뜻을 음미(吟味)하는 마음이 아닌가 감상해 본다.

〈포레에세이〉 2016년 여름호

보훈의 달을 뜻있게 보내자

6월은 호국 보훈의 달이다.

나는 매년 6월이 되면 1950년 6·25사변으로 학업을 중단한 일과 1951년 1·4후퇴를 생각하게 된다. 중공군 30만 명이 쳐들어와 추운 겨울, 눈보라가 휘날리며 찬바람이 부는 눈길을 밟으며 고통과 굶주림 속에 피난간 일이 생각난다. 1953년 7월 17일 휴전한 지 반세기가 넘었지만 지금도 전쟁의 공포와 핵의 두려움에 국가가 비상사태라고 볼 수 있다. 지금은 그 어느 때보다도 애국정신을 발휘하여 국민의 하나된 마음이 절실히 요구되는 때다. 그런 의미에서 순국선열과 호국영령들의 숭고한 희생정신을 기리며 보훈의 달을 뜻있게 보내야 된다.

정부에서 6월 한 달을 보훈의 기간으로 설정하여 1일부터 10일까지 추모, 11일부터 20일까지는 감사, 21일부터 30일까지는 화합과 단결의 기간으로 설정하여 특성에 맞는 보훈행사를 추진한다는 방침이란다.

보훈행사에는 정부, 지방자치단체, 언론, 종교계, 청소년 등 온 국민이 참여하는 행사를 추진한단다. 추모 기간에 현충일 추념식을 국립현충원에서 대통령을 비롯해 삼부 요인과 각 당 대표들이 참석한 가운데 가졌다. 감사의 기간에는 국가유공자들에게 표창하고 유족에게 격려와 문화적 행사를 지원하고 뜻을 같이했다. 화합과 단결의 기간에는 6·25전쟁 67주년 기념식, 제2연평해전과 기념행사를 갖는다고 한다.

나는 무엇보다도 10일 간을 화합과 단결 기간으로 설정했지만, 6월 한 달만이라도 국민이 통일된 국민의식을 심어주어야 된다고 믿는다.

6·25전쟁이 발발한 지도 70년이 가까워지는데 젊은 세대들은 6·25전쟁의 의미를 잘 모른다. '역사를 모르는 국민은 미래가 없다.'라는 말이 있다. 우리는 지난 일을 잊고 산다. 역사를 되돌아보아 그릇된 역사는 반복하지 말아야 미래가 밝고 발전된 국가가 이루어진다는 점을 알아야 한다.

정부가 2016년 3월 25일을 제1회 '서해수호의 날'로 제정하고 박근혜 정부가 기념식을 가졌다. 젊은 피가 수없이 산화되어 피어보지도 못하고 숨져갔다. 영웅 55인의 젊은 희생을 기억하자. 왜 우리는 '당하고만 있어야 하나'하고 생각하면 화가 치민다. 이제는 방어하는 자세에서 공격하는 자세를 가져야 국가를 보위할 수 있다고 본다.

1995년 6월 15일 연평해전과 2002년 6월 29일 제2연평해전(6명 전사), 2009년 11월 10일 대청해전, 2010년 3월 26일 천안함 피격사건(46명 전사), 2010년 11월 23일 연평도 도발사건(민간인 2명 사망) 등 서해에서만 매번 당하고 있다.

북한은 6·25전쟁 이후 정전협정에도 불구하고 수천 건의 도발을 일으켰다. 최근에는 핵실험과 미사일로 한반도 평화와 안전을 위협하며 국제사회에 정면으로 도전하고 있다. 아깝게도 북한의 끊임없는 도발을 막아내기 위해 싸우다 우리 장병들이 무고하게 희생당했다. 인생을 피워보지도 못한 채 현충원으로 갔다. 정부는 악순환의 꼬리를 끊어내고 호국영령들의 숭고한 정신을 국민과 함께 기리기 위해 서해수호의 날을 제정했다 한다.

우리는 안보에 무관심하다. 무엇보다도 화합과 단결의 의지를 갖는 국민이 되어야 하겠다. 하나 된 모습으로 국가를 사랑하고 국방을 튼튼히 하는데 적극적으로 협조해 국론이 하나로 모아져야 한다. 안보에는 여·야가 따로 있을 수 없다. 뭉치는 힘, 하나 된 모습으로 북한에 대비해야 한다.

이승만 대통령 어록 중 "뭉치면 살고 흩어지면 죽는다."는 말이 떠오른다. 그러기에 현충일에 꼭 조기를 달고 그 날만이라도 애국선열과 호국영령들의 참뜻을 기려 통일된 의식을 갖자. 6·25 행사에 관심을 갖고 참여하거나 그 때의 참혹상을 알고 하루만이라도 기억하여 그 전쟁의 역사를 알자. 또한 서해수호의 날에 대한 참뜻을 알고 국방을 튼튼히 하는 데 애국하는 마음을 갖자.

우리는 호국 보훈의 달에 정작 기려야 할 인물에 대해 아는 게 별로 없다. 역사를 상고해 보면 국가의 안보를 우리 손으로 담당하지 않았던 역사와 세월도 한 몫을 했다. 조선시대 적이 쳐들어오면 우리는 명나라에 도움을 요청하였고, 6·25전쟁을 남의 손으로 치렀다. 휴전 이후는 한미상호조약에 의지해 살았다. 공동체를 지키기 위해 눈물겹게 피나는 노력을 해본 경험이 별로 없다. 국민성이 강하지 못하다.

우리가 행사 때마다 부르는 애국가도 평화형의 영국형과 전투적인 프랑스형 중 우리나라는 평화를 담은 영국형을 선호해 부르고 있다. 서양은 작은 것을 쌓아 큰 것을 만드는 태산형에 비해 우리나라 애국가는 동해물이 다 마르고 백두산이 다 닳아 없어질 때까지 하느님이 보우하는 염원을 바라는 소모형 내용이다.

프랑스 국가 '라 마르세예즈'는

> '일어나라 조국의 자식들이여 들리는가/흉포한 적들이 우리들의 아내와 아이들의 목을 따기 위해 으르렁대는 소리가/무기를 들라/우리의 밭고랑에 저들의 더러운 피로 물을 대자'

라는 가사로 정말 끔직하다. 소름이 끼칠 정도로 투쟁적이다. 반면 우리 애국가는 참으로 목가적(牧歌的)이다. 하느님이 보우하는 가운데 삼천리 화려강산에 아무 일이 없다.

미국 초등학교 교과서는 선조들의 자유를 위한 투쟁 기록이 절반이라고 한다. 미국인들은 이를 위해 사건을 윤색(潤色)하고 날씨를 조작해 가며 혹한의 날씨 속에서 독립을 위해 쓰러져간 영웅들을 추모한다고 한다. 없는 사실도 지어 아이들에게 애국심을 만들어 주는데 우리는 있는 유산도 발로 차버린다.

우리나라는 엄청난 6·25 비극이 있었지만 상당수 국민이 6·25전쟁을 언제 누가 일으켰는지 모른다. 초등학교 어린이에 6·25한국전쟁이 일어난 시대를 삼국시대, 고려, 조선, 현대 중에서 고르라고 하니 10명 중 6명이 조선, 삼국, 고려시대라 했다 한다. 고교생 10명 중 6명이 안보에 가장 위협적인 국가가 미국과 일본을 꼽았고 북한은 3명이라고 한다. 이 엄청난 교육의 부재는 누가 책임져야 하는지 지극히 걱정된다. 교육은 백년대계라 했다.

나는 무엇보다도 자라나는 세대에 역사교육을 통해 올바른 역사의식을 심어주어야 한다고 생각한다. 교육이 잘못되면 미래도 없고 국가 발전도 없다. 초·중등교육이야 말로 참된 국가관과 애국심을 갖는데 철저하게 이루어져야 한다. 호국보훈의 달을 맞아 나라를 위해 숨져간 분들을 추모하는 뜻에서 6월만이라도 한국전쟁 참상과 현충일을 강하게 부각시켜 '보훈의 달'을 뜻있게 보내기를 간곡히 소망해 본다.

〈동대문 문학지〉 2016년

제5부 건강과 소망

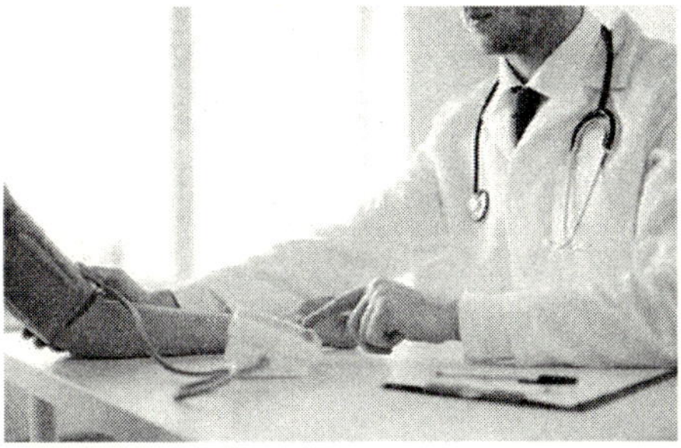

건강과 소망

용마산 마루턱에 뜨는 해를 보며 아침을 맞는다.

한 해가 저물고 새해를 맞는다. 둑길과 공원에 선 앙상한 나목을 바라보며 세월의 무상함을 느낀다. 매년 새해를 맞을 적마다 내가 건강한 삶으로 선영(先塋)에 성묘할 수 있을까 생각하며 1년을 점쳐 본다. 병원에서 대수술을 받고난 후로는 의지가 약해졌는지 자신감을 잃어가는 듯하다. 칠십 평생을 삶의 굴레 속에서 끊임없이 후회하며 살아왔다.

20대는 보람 있고 발전된 삶을 갖기 위해 고시공부를 했고, 30대는 돈을 벌기 위해 다니던 직장을 버렸다. 40대는 복직과 함께 삶에 충실했으며, 50대는 주어진 업무에 앞뒤 돌아볼 겨를 없이 10년을 보냈다. 60 문턱에 들어서니 연령 문제로 나라에서 물러가라 하기에 퇴직했다.

그런 후 제2의 인생을 맞아 역사에 관심을 갖고 나는 매월 유적을 답사했다. 선조(先朝)의 발자취에는 지혜가 숨어있어 중요한 자료들을 수집하고 기록했다. 몇 해 전 '고희기념문집'으로 800페이지 분량의 『조선왕조 역사이야기』 상·하권을 출간했다. 나는 그 책의 저술을 위해 경상북도·강원도·충청북도·전라남도 등지(等地)를 돌아다녔고, 경기도와 서울 일원의 유적을 답사하기도 했다.

평생을 주어진 일에 열심히 살다보니 마음의 여유를 갖고 가족과 함께 즐거운 여행이나 나들이 한 번 제대로 못했다. 지난 일을 생각하면 가족한테 시간을 할애하고 좀 더 재미있는 삶을 누리지 못한 게 후회스럽기에 이제 남은 생애를 가족과 함께 즐겁게 살려고 한다.

내 나이 60에 병원을 찾았을 당시 심장에 이상이 생겨 8일간 입원한 적이 있었다. 그 때부터 나는 건강에 관심을 가지고 열심히 운동하며 건강을 체크했다.

고희를 지난 어느 날 병원에서 받은 검사가 2년 동안 나를 병고에 시달리게 했다. 심장판막 이상으로 수술해야 된다는 것이다. 내 병의 확인을 위해 여러 번 검사를 거치다 보니 종합검사 다섯 번에 만신창이가 되었다. 몸이 쇠약해지니 정신마저 혼미해졌다. 건강을 지키기 위해 나름대로 아침이면 운동하고 일요일마다 등산했다. 그러나 건강에 적신호가 찾아온 것은 내 의지로는 어쩔 수가 없었다.

나의 건강에 이상신호가 왔지만, 나는 열심히 노력하며 살았다고 자부한다. 그러나 신이 내게 절망을 안겨주었을 때 '인명은 재천이라' 모든 것이 하늘의 뜻이라면 거스를 필요가 없지 않는가, '수원수구(誰怨誰咎)라 누구를 원망하고 누구를 탓하랴!'하고 체념했지만 정말 화가 났다.

이제 내 인생 제2의 삶에서 하고픈 일을 하며 즐겁게 살려고 하는데 건강이 내 발목을 잡았다. 10년만 더 젊었으면 하는 생각이 들었다.

나는 책을 많이 읽고 글을 쓰며 내가 하던 일을 마무리하고 싶다. 유적 답사에 메모해 두었던 기록, 조선왕조에 그 시대를 주름잡았던 후궁들의 이야기, 틈틈이 써 놓았던 시, 나의 삶을 글로 표현한 수필 등 모든 것을 정리하여 내 생애를 그려보고 싶다.

요즘에는 건강에 자신이 없고 몸 한 부분에 이상이 생기면 겁이 덜컥 난다. 젊었을 때는 병이 생겨도 치료하면 낫겠지, 병원에 가도 대수롭지 않게 생각했지만 지금은 병이 나면 두렵고 방정맞은 생각부터 드니 몸과 마음이 늙어서 그런가 생각한다.

몇 년 전 호흡기내과에 입원했을 때도 나 자신 이해가 되지 않았다. 평소에는 아무런 증상이 없었다. 연말 어느 날 한 지인의 등단식에 참석했다가 오는 길에 몸이 으스스 춥더니 가슴이 답답하며 숨쉬기가 힘겨웠다. 응급실에서 검사를 받는데 의사는 폐에 물이 찼다고 말했다. 물을 빼는 과정이 나에게는 무척 힘들었다.

우선 숨을 쉴 수 없는 육신의 고통도 컸지만, 곧 죽음을 부를 수도 있다는 위기감에 마음이 괴로웠다. 나한테 왜 그런 병이 왔는지, 나 자신도 알 수 없는 일이지만 의사도 원인을 모른다고 한다. 갑자기 찾아오는 노환에는 희망이 없고 절망뿐이다. 건강한 삶이야말로 진정 행복한 인생이라는 교훈을 톡톡히 얻었다.

그래서 내 삶을 신앙에 의존하기로 했다. 가까운 교회를 나가면서 소망을 기도한다. 아침에 일어나서는 건강하게 희망을 갖고 지혜롭게 살게 해달라고 묵상하고, 저녁이면 하루를 무사하고 건강히 보내게 했다고 감사기도를 한다.

나는 사는 동안 건강하게 남은 생애 마무리하게 해달라고, 또 내가 쓰고 있는 글을 정리하게 해달라고 기도한다. 그 결과 희수를 맞으며 역사이야기를 기록한 『역사문화의 숨결』을 출간하여 출판식을 가졌다. 또한 계속 글을 써서 산수를 맞아 시집과 수필집을 내서 나의 작품세계를 마무리할까 한다.

나 자신이 건강을 잃으면 꿈과 희망이 물거품되기에 비가 오나 눈이 오나 매일 아침 운동을 하며 몸과 정신을 튼튼하게 한다. 내가 하고자 하는 일을 마무리하고 싶다.

내 생애가 언제까지 이어질지 모르지만, 이제 남은 생애 재미있게 건강한 생활로 축복받으며 마무리하고 싶다. 그렇게 되기를 갈구(渴求)하며 기도한다.

〈수필춘추〉 2015년 겨울호

기도하는 마음

나는 아침저녁으로 명상의 시간을 갖는다.

아침에는 오늘 무사히 하루를 보내달라고, 저녁에는 별 탈 없이 지남에 감사하는 마음으로 기도한다. 언제부터인지는 모르나 조용한 시간을 빌어 명상하면서 마음의 안식을 갈구한다. 칠십 평생을 되돌아보며 바쁘게 살아온 지난 세월을 묵상하면서 기도한다.

삶의 황혼을 맞으면서 자신이 어디엔가 기대어 울부짖고, 누구에게든 의지하고 싶어진다. 인생의 길을 생로병사(生老病死)라고 말하듯 세상에 태어나서 나이를 먹으면 늙고, 늙으니 병이 생기고 종국에는 죽음을 맞는다.

이제는 종교에 의탁하고 싶다. 병원에서 생사를 넘나들 때 '하나님! 저에게 삶의 활력을 다시 불어 넣어준다면 하나님 곁에서 주를 위한 신념으로 살아가겠노라'고 마음의 약속을 했다. 공허한 심정으로 기원의 시간을 갖고 긍정적인 생각을 가지니 마음이 조금은 편하다. 교회를 나가면서 건강·희망·지혜를 갈구하며 남은 여생 동안 나의 소원대로 살다가 세상을 마감하게 해달라고 기도한다.

조선일보 칼럼니스트 조용헌 씨는 기도에 다섯 단계가 있다고 했다. 첫째-갈구하는 단계, 둘째-메시지에 조용히 귀 기울이며, 셋째-감사하고, 넷째-찬양하며, 다섯째-무심의 단계라고 한다. 첫째 둘째는 초보적 단계이고, 셋째와 다섯째는 기도의 경지를 벗어난 터득의 단계라고 한다.

나는 초보적인 단계에서도 요구하고 갈구하며 건강한 몸으로 지혜롭게 살다가 죽게 해달라고 마음 속으로 울부짖으며 소원한다. 병원에서 격심한 아픔의 고통을 경험했기에 건강한 삶이 얼마나 큰 행복인지를 느꼈기 때문이다. 고희를 넘기면서 어느 날 종합검진을 받고나서 나는 건강에 대한 마음의 부담을 갖게 됐다. 평소 건강에 힘써야지 생각하면서 몸에 이상이 생겨도 대수롭지 않게 생각했다. 그러나 심장판막수술을 받고나서 몸이 자꾸 아프니 정신까지 혼미해졌다. 처음에는 나 자신과 병원을 원망했다. 불만스러운 진료와 지나친 의사의 간섭이 짜증스러우며 컴컴한 터널을 지나는 느낌이었다. 이제는 원망과 미움의 시간도 지나고 모든 것을 편하게 생각하며 간혹 불만스러운 일이 생겨도 그러려니 하고 체념한다.

사람들이 건강하게 살다가 저세상 가게 해달라고 소원하는지도 모르겠으며 나는 건강한 삶이야말로 진정 행복한 인생이란 교훈을 늦게야 깨달았다. 희망이 없는 삶은 절망과 불행이 찾아올 뿐이라고 생각한다. 비록 하루의 삶을 지탱하고 살아가지만 더 나은 미래를 바라보고 희망을 갖는 마음이야 말로 행복한 생활이 아닌가 한다. 꿈이 있는 인생행로, 하루를 즐겁게 보내고 내일을 설계하는 것만이 진정한 삶의 가치가 있다고 본다. 오늘 살다가 이튿날 죽음을 맞는다 해도 희망 없는 삶은 적막감(寂寞感)이 들 수 밖에 없으리라. 지금의 어려움을 아랑곳하지 않고 앞으로 나아가는 힘은 미래에 대한 희망의 등대가 되어 현실의 행위를 인도하기 때문이고, 또한 사람만이 현재를 넘어서 미래를 내다보고 이상을 품은 존재가 아닌가싶다.

인간은 현실세계와 이상세계, 두 개의 세계관을 가지고 있다. 현실과 현재는 행위에 속하고, 이상과 미래는 희망에 속한다. 사람이 금수보다 낫고 문명인이 야만인보다 나은 것은 오직 소망과 이상, 미래가 있기 때문이다. 심신이 허약하면 미래를 내다볼 수가 없다.

원대한 꿈을 갖는 것은 현재의 풍족한 마음과 내일의 희망찬 소원이 있기 때문이라고 본다. 그래서 나는 그 달의 첫날 계획을 세우고 실천하는 꿈을 꾸며 긍정적인 삶을 갖는 지혜를 소망한다. 그리하여 기쁜 마음으로 생활하며 더불어 지혜로운 삶을 갈망하기도 한다.

많은 사람들이 탐욕에 찬 생활을 하다가 불행의 길로 가는 경우를 많이 보았다. 이제는 인생의 끝자락에서 욕심보다는 베풀고, 원망보다는 용서하는 마음, 즐겁게 살아가는 감사함, 남을 배려하며 봉사하는 정신이 진정 지혜로운 삶이 아닌가 생각해 본다.

오늘도 건강·희망·지혜를 소원하는 기도를 하면서 행복한 삶을 누려보리라 다짐해 본다.

〈지구문학〉 2015년 가을호

오늘의 묵상(默想)

해가 뜨는 동쪽을 바라보며 아침을 맞는다.

어둠이 사라지고 해가 뜨는 순간, 하루가 시작되는 희망의 첫출발이다. 아무리 세월이 흘러도 우리에게 다가오는 아침은 오늘뿐이다.

나는 새벽 5시에 일어나 장평근린공원에 나가 운동을 시작으로 하루 일과를 시작한다. 600보의 둘레길을 열 바퀴 돈다. 푸른 잔디가 깔려있는 정원에서 체조하고 맑은 공기를 마셔가며 상쾌한 마음으로 운동한다.

국민보건체조를 할 때쯤이면 용마산 꼭대기에 해가 살포시 얼굴을 내밀어 공원을 밝힌다. 수목(樹木)에서 내뿜는 신선한 향기는 나의 온몸을 감싸고 정신까지 맑게 해준다.

벤치에 앉아 잠시 명상에 젖어본다. 마음의 여백에 긍정적인 생각을 채운다면 분명 행복한 미래를 열어갈 수 있을 것이다. 또한 삶의 순간마다 자신감을 가지고 오늘을 위해 최선을 다한다면 틀림없이 보람찬 미래가 손짓해 오리라고 나는 굳게 믿고싶다.

자양동에 살 때는 뚝섬유원지에 나가 잠실대교에서 영동대교까지 한 바퀴 돌고, 공원 안 운동시설에서 몸을 풀었다.

장안동으로 이사온 직후에는 중랑천 둑길로 배봉산까지 걸었다. 병원에서 대수술한 후 퇴원하고는 주로 공원에서 내 몸을 단련한다.

나는 운동을 생활화하고 있다. 공원에는 각종 운동시설이 10개나 설치되어 있다. 아홉 번째 둘레길을 돌 때는 운동기구로 몸을 푼다. 많은 사람들이 공원에 나와 걷고 운동시설에 매달리기에 시설 이용이 힘들어 열 바퀴 돌기 전, 빈 기구에서 운동한다. 아침 일찍 운동하는 이유는 맑은 공기를 마셔가며 허약한 폐 기능을 살려 폐활량을 늘리고 조찬을 즐겁게 하여 마음의 위안을 갖기 위해서다.

아침은 나에게 중요한 의미를 갖게 해준다. 그것은 바로 오늘을 보내는 시작을 소홀히 할 수 없기 때문이다. 운동하고 집으로 돌아오면 6시 10분이나 20분이 된다.

조간신문(조선일보)을 중요한 내용만 30분 읽고 바로 온열기와 원적외선, 안마기에 몸을 맡겨 발·허리·어깨·배 등을 안마한다. 그러노라면 딱딱한 몸이 훨씬 부드러워진다. 혈액순환을 돕고 굳어져가는 근육을 이완하기 때문이다. 아침식사는 걷기, 신문 보기, 안마까지 한 후 7시 30분에 시작한다.

습관화된 조기 활동은 나의 정신을 훨씬 밝게 해주고 삶의 희망을 안겨준다. 나는 식후 8시쯤 TV를 시청한다. 내가 보는 방송은 요일마다 다르다. MBC나 SBS는 생활과 관련된 시사나 교양프로그램을 보나 나는 주로 KBS의 '화요초대석'이나 '목요 특강'을 본다. 이 프로그램은 다양한 전문가들의 경험과 조언을 통해 삶의 지혜를 배우고 활력소를 불어 넣어준다. 목요 특강에서는 각 대학의 의대교수를 초대해 건강한 삶에 대한 이야기나 질병 치료에 대한 내용을 강의한다. 병원에서 수술 받고 난 후부터 건강에 대한 남다른 관심과 건강한 삶을 유지하기 위해 빠지지 않고 시청한다.

아침 청소는 내 몫이기에 쓸고 닦으며 아홉시에 휴면에 들어가 30분 잠을 잔다. 9시 30분부터 하루의 일과가 시작된다. 저녁에 TV 시청, 문학서적 읽기, 컴퓨터 등으로 11시에 취침에 들어가 새벽 5시에 일어나 운동을 하기에 잠이 부족하기 때문이다. 부족한 잠은 자투리 시간을 이용하여 메우기도 하지만, 계획된 프로그램에 의해 매일 규칙적인 생활을 하다보면 가끔 피곤할 때나 일정에 어긋날 때도 있다. 그러면 그날은 무엇인가 허전하고 마음 한 구석에 공허감이 든다. 그래서 가능한한 운동도 빠지지 않고 계획대로 실천하려고 한다.

사람들은 오늘이라는 테두리 안에서 정신 없이 살며 기분 좋은 날과 재수 없는 날을 만들기도 한다. 울고 웃는 삶이 반복되는 것은 아마도 하루를 시작하는 기분에 따라 좌우되는 게 아닌가 하는 생각이 든다.

그날그날의 시작이 무엇보다 중요하다. 하루가 시작되는 아침을 계획 있게 보내는 마음이 나의 건강을 지켜준다고 믿는다.

나는 오늘을 즐겁게 잘 보내야 내일의 희망을 가져다 준다는 철학을 믿기 때문이다.

〈지구문학〉 2016년 가을호

동생 6주기(週忌)를 생각하며

동생을 보낸 지 벌써 6년이 되었다.

2015년 11월 동생의 기일을 맞으면서 지난 일을 돌아보며 세월이 참 빠르구나 생각한다.

대구에서 중소기업을 하는 동생한테서 느닷없이 전화가 왔다. 서울에서 제일 유명한 병원을 예약해달라는 부탁이다. 경북대부속병원에서 검진결과 담도암 3기라는 진단이 나왔다고 한다.

지금은 의술이 발달되어 초기에는 90% 이상 완치시킨다고는 하나, 암이라면 사형선고나 다를 바 없다. 나는 가슴이 철렁 내려앉는 느낌과 불안한 마음이 들었다. 서울대병원과 아산병원 두 곳을 고민하다가 아산병원에 가서 3개월마다 한 번씩 약을 처방받을 때 우연히 벽보판을 보았다. 11개 암 중 수술을 가장 많이 하였고 성공률도 제일 많다는 기록이다.

3일 후 진료 예약을 하고 동생에게 알려주었다. 담도암에 제일 권위 있는 의사한테 예약하고 병실을 찾았으나 빨리 나지 않았다.

동생은 경북대 부속병원에서 촬영한 사진 자료를 담당 의사한테 보여주고 진료를 받았으나 결과는 마찬가지였다. 나는 온몸이 싸늘

하게 기운이 빠지며 마음이 공허했다. 한참 살 나이에 담도암 말기라니 기가 막힐 노릇이다. 부모 두 분이 위암으로 돌아가셨다. 암은 유전성이 있다기에 위암에 대해서만 신경을 썼지, 담도암은 처음 들어보는 병명이다. 병실을 얻으려고 응급실로 갔다. 누워있는 동생은 자기 인생이 끝나는 심정 같았는지 눈물만 흘리며 말을 잇지 못한다. 내 마음은 답답하기만 하다. 이럴 때 내가 해줄 수 있는 것이 아무것도 없다. 나보다 10년 아래인 동생은 단신으로 대구에 내려가 성공했다. 1·4후퇴 때 무거운 미제 담요로 동생을 업고 눈길에 걷다가 엎어지면 같이 울고 걸으며 정이 많이 든 동생이다.

수술 여부는 본인이 결정하라고 한다. 병세의 진위 여부를 모르는 가족과 동생은 담당 의사에게 희망을 걸었는데 애매한 대답을 하니 답답했다. 담당의사는 수술하게 되면 간 부전증이 걸릴 확률이 매우 높다고 일주일 이내에 사망할 수 있다며 썩 권하지 못하겠다고 한다. 동생은 그 말을 들은 후 자포자기하는 태도였다. 민간요법에 기대를 걸고 제일 먼저 찾은 곳이 절이다.

충주에 있는 '석종사'로 우리나라에서 유명한 절이다. 혜국 스님을 찾아 상담을 했다. "첫째 마음을 다스려야 합니다. 암을 무서워하지 마세요. 나도 간암이라는 진단을 받았으나 수술하지 않고 나의 기도로 고쳐 지금껏 잘 살고 있습니다." 천도제를 해 보는 것이 어떻겠느냐고 하기에 물에 빠진 사람이 지푸라기라도 잡는 심정으로 천도제를 지냈다.

두 시간에 걸쳐 세 분의 스님이 돌아가면서 목탁을 치며 법문을 낭송했다. 여섯 번의 기도와 절을 하면서 나는 마음 속으로 내 동생을 살려달라고 애원하며 난생 처음으로 백팔배(百八拜)를 하였다. 천도제를 지내기 전에 혜국 스님으로부터 법문과 108배에 대한 이야기를 들었다. 배불(拜佛) 108번을 하면 번뇌를 끊고 참회를 하는 것이 되며 근심걱정이 사라지고 소원성취하는 신앙 수단이 된다 한다.

혜국 스님은 아무 걱정 말고 마음의 안정을 갖고 열심히 불교에 입문해 기도를 하라고 하였다. "1개월 후 다시 사진을 찍어보시오. 틀림없이 암 덩어리가 없어질 것이요." 동생은 포기하지 않고 생에 대한 애착심이 누구보다도 강하게 보였다.

서울대학교부속병원과 일산 암센터에서도 진료를 받았다. 그러나 두 병원이 같은 대답이었다. 3개월마다 암의 진행 여부를 알기 위하여 진료를 받았다. 6개월이 지났다. 황달기도 사라지고 암 수치도 떨어져 많이 나아졌다고 한다. 호전의 희망을 안고 진료를 받으면서 휴양지를 찾았다. 요양하면서 병을 치료하겠다는 마음에 제천, 충주, 담양 등 좋다는 곳은 다 가보았다. 사업을 벌여놓고 먼 곳에서 한가하게 휴양하면서 병을 고치는 것이 쉬운 일만은 아니기에 포기하고 말았다.

공기 맑은 곳을 찾아 집에서 8km 떨어진 마을에 터 300평을 매입하여 집을 짓고 살겠다며 대구에서 제일 유명한 풍수전문가를 대동하여 계약했다고 한다. "그래서 나는 집을 짓다보면 신경을 많이 써야 되고, 스트레스 받는 일이 많으니 포기하고 가까운 곳에서 요양하며 회사 일을 보는 것이 좋겠다"고 말렸다.

하루는 조상에게 빌어본다며 고향에 있는 선산 조부모 묘 봉분을 높이고 개토를 하였다. 묘 위에 큰 바위가 있는데 할아버지가 돌아가시면서 "이 바위는 감투바위이니 나를 이곳에 묻어달라"고 하여 아버지 형제들이 그곳에 묻었다. 풍수전문가는 그 자리에 물이 고여 자식들이 질병으로 고생한다는 것이다. 그래서 그런지 아버지 형제들이 60대 중반에 위암과 간암으로 3형제가 다 돌아가셨다.

바위를 없애고 부모 산소도 흙을 쌓아 돋우어 그 일대를 확장하고 잔디와 나무 진달래꽃들로 장식하였다. 10개월이 지나 다시 MRI와 CT 촬영을 하니 모든 병이 정상에 가깝게 돌아왔다 한다. 동생은 기뻐하여 어쩔 줄을 모르며 활동도 많이 하였다. 그러나 집 짓는데 신경을 써서 그런지 몇 달 후 병원을 다시 찾았다. 암과 함께 합병증이 생겨 끝내는 소생하지 못하고 저 세상으로 갔다.

인명은 재천이라 운명이 거기까지라면 어쩔 수가 없구나! 하지만 그때 집 짓는 일에 신경 쓰는 일을 말리지 못한 게 큰 아쉬움으로 남는다. 동생이 간 지 6년을 돌아보며 부지런하고 마음씨 고운 동생을 생각해 본다.

〈좋은수필〉 2016년 1월호

제6부 유적을 찾아서

금산사(金山寺)

필자는 5월 마지막 금요일에 역사 유적지를 탐방했다.

나는 새벽 5시, 전라북도 김제시 모악산 남쪽 기슭에 자리 잡은 금산사를 가기 위해 전철을 3번이나 바꿔 탔다. 압구정 현대백화점 주차장에서 오전 7시에 출발한 버스는 10시에 도착했다.

금산사는 죽기 전에 꼭 가봐야 할, 국내여행 첫 번째로 꼽히는 사찰이라고 한다. 주차장에서 1,000m쯤 걸어야 하는데 관리인의 양해를 얻어 사찰 내까지 버스가 들어갈 수 있었다. 봄에는 벚꽃이 만발하나 우리가 찾았을 때는 꽃이 지고 짙은 녹음의 가로수만이 이곳이 명지(名地)임을 나타내는 듯했다.

금산사는 백제 때 건립된 미륵신앙의 성지로 무왕 1년에 창건되었다고 한다. 삼국통일 후 신라 혜공왕 때 진표율사에 의해 중창되면서 절의 기틀이 갖추어졌다.

김제시 문화관광과에 근무하는 최미숙 해설가가 나와 금산사에 관한 역사·전설·미담 등을 재미있게 설명하며 안내해 주었다.

나는 이곳의 세 가지 역사적인 의미를 찾아보기 위해 참여했다. 금산사의 역사·진표율사와 금산사 관계 후백제·견훤이 유폐된 이야기다. 내가 가보고 싶은 가장 큰 이유는 견훤이 아들에 의해 유폐된 절이라는 점이 흥미를 갖게 한다.

10여 만 평 정도의 넓은 터에 자리 잡은 금산사는 전라북도에서 제일 큰 절로 진표율사가 762년 경덕왕부터 766년 혜공왕 2년까지 4년에 걸쳐 중건하였다. 1069년 문종 23년에 혜덕왕사(慧德王師)가 대가람(大伽藍 ; 불도를 닦으며 살던 집)으로 제청하고 광교원(廣敎院)이라는 대사구(大寺區)를 증설하여 가장 큰 규모의 사찰이었다고 한다.

임진왜란(1598) 때 왜병의 방화로 미륵전·대광전·광교원 등 40여 개에 달하는 산내 암자가 소실되었다고 한다. 1601년 선조 34년에 수문(守文)이 재건되었고 인조 13년(1635)에 낙성을 보았다고 한다. 고종 때에 이르러 미륵전·대장전·대적광전 등을 보수하였다고 한다.

금산사의 대표적 건물은 미륵전(국보62호), 대장전(보물827호), 대적광전(보물476호), 방등계단(보물26호) 등이 있다. 그 이외 석련대(보물23호), 혜덕왕사진흥탑비(보물24호), 5층석탑((보물25호) 당간지주(보물28호), 석등(보물828호) 등이 문화재로 등록되어 있다. 최미숙 해설사는 금산의 일대가 사적496호로 지정되어 김제시의 대표적 사찰로 자긍심을 갖는다고 한다.

나는 수많은 사찰을 답사했지만 어느 절이든 그 사찰의 중심이 대웅전, 즉 큰 법당이다. 그러나 금산사의 중심 건물은 미륵전이다. 그래서 국보62호로 지정된 미륵전에 큰 관심을 가졌다.

미륵전 1~2층은 정면 5칸·측면 4칸, 3층은 정면 3칸·측면 2칸의

팔작지붕, 다포(多包)집이다. 겉모양이 3층으로 된 한국의 유일한 법당으로 내부는 통층(通層)이다. 1층은 대자보전(大慈寶殿), 2층은 용화지회(龍華止會), 3층은 미륵전(彌勒殿) 간판이 조각되어 있다. 1층은 고주(高柱) 4개와 20개의 기둥은 주위에 세워 고주와 기둥을 커다란 퇴보로 연결하였다. 3층은 몇 토막의 나무로 이어 만든 고주를 그대로 우주삼아 그 위에 팔작지붕을 올렸다. 특수한 가구방식은 목조 탑파(塔婆; 불탑)의 구조에서 볼 수 있다. 미륵전은 앉아 있는 미륵이 아니라 서 있는 미륵으로 특이하며 그 규모가 웅대하고 찬란해 국보급으로 손색이 없을 정도였다.

우리 일행은 이곳에서 기념촬영을 하고 사찰 건물을 돌아보았다. 금산사는 불교의 주류였던 교종 계통의 법상종 중심 사찰로 역할을 했다. 법상종이 미륵신앙을 기반으로 이루어진 종파여서 이곳 절에는 석가모니 부처를 모신 대웅전이 없는 대신 미륵을 모신 미륵전이 금산사의 중심 사찰이다. 금산사는 임진왜란 때 승병 1,000여 명을 이끌고 전투에 참가하여 혁혁한 공을 세워 처영(處英) 서산대사(西山大師) 제자들이 머물렀다고 한다.

금산사는 후백제의 견훤이 유폐된 절이기 때문에 유명하다. 견훤은 왕의 계승 문제로 장자를 제치고 넷째 금강을 계승자로 지명하자 큰아들 신검이 불만을 품고 아우 양검, 용검과 능환 등의 권유를 받아 이복동생 금강을 죽이고 아버지를 금산사에 유폐시켰다. 견훤은 금산사에서 탈출하여 왕건에 투항하여 상부(尙父) 칭호를 받았다. 견훤은 왕건에게 936년 아들 신검의 토벌을 요청해 후백제를 멸망시켰다. 본인이 세운 나라를 자기가 멸망시킨 셈이다. 권력의 끝은 부자간에도 끝이 보이지 않는다.

조선왕조에도 조선을 세운 이성계가 공을 세운 다섯째 아들 이방원을 멀리하고 여덟째 배 다른 방석이를 후계자로 삼자, 태종 방원이 방석 형제를 죽이는 '왕자의 난'을 보면서 권력의 향수는 끝이 없다는 것을 느낀다.

금산사에는 견훤의 흔적이 전혀 없다. 해설사의 설명에 의하면 "사찰에서는 사찰의 역사를 집중적으로 인식시켜 사찰로써의 근본을 갖는 게 중요하지, 정치적 왕들의 흔적을 지운다."라고 말한다. 그러나 나는 그렇게 생각지 않는다. 금산사에 견훤의 유폐와 이곳 생활상을 역사적으로 부각시키면 금산사의 이름이 더욱 알려져 많은 사람이 찾을 수 있다고 생각해 본다.

백담사는 대중적으로 그리 알려져 있지 않았으나 J대통령이 유배갔던 후로 세간에 알려져 그곳을 찾는 방문객들이 많았다고 한다.

나는 금산사 미륵전의 사찰 이모저모를 살펴보면서 많은 지식을 습득하게 되어 마음이 한결 가벼웠으며 미륵 신앙의 의미를 되새겨 보는 하루였다.

〈수필춘추〉 2016년 겨울호

유적(遺蹟)의 고장 밀양(密陽)

밀양은 충(忠)과 효(孝)를 으뜸으로 삼고 역사와 유적이 함께하는 학문(學文)의 고장이다.

나는 2007년 6월 이곳을 찾으면서 많은 유적들이 있다기에 부푼 가슴을 안고 아침 일찍 서울역사문화포럼 회원 43명 일행과 함께 그곳을 찾았다.

관광버스로 4시간 정도 걸려 도착했는데 시청 직원들이 나와서 환영하며 안내했다. 안내자 김재학 씨는 밀양시의 지리적·환경적 요건을 먼저 설명해주었다. 경상남도 북동부에 위치하며 부산과 대구의 중간지점에서 경부선 철도가 남북으로 관통하고 대구 부산 간 고속도로가 개통됨에 따라 교통이 매우 편리해졌다고 한다. 또한 태백산의 제2맥이 경북 경남의 경계선에 있는 화악산은 곧 밀양의 진산이라고 한다.

청도 운문산에서 발원한 북천수와 재악산에서 발원한 동천수가 내려와 합쳐 능천강이 되어 밀양시를 관류하여 낙동강으로 흘러가는 아름다운 지세란다.

중부권에는 조선시대부터 진주 촉석루, 평양의 부벽루와 함께 3

대 명루의 하나인 밀양의 영남루가 있다. 그 안에 천진궁, 아랑각, 석화, 무봉사, 석조여래좌상이 있으며 시립박물관 수중보 밀양읍성 향교, 추원재, 예림서원 등이 있다.

일행은 그 중 영남루와 추원재 예림서원을 답사하기로 하고 추원재를 찾았다. 추원재는 조선 성리학의 초조(初祖)인 김숙자가 거처를 정하고 아들인 김종직이 태어나 자라고 별세한 집이다.

이 분은 30여 년 동안 여러 요직을 거치면서 수많은 송사를 공정하게 처리하여 조정이 감복하였을 뿐만 아니라 성종 21년 정주학을 연마하여 충효로 임금을 섬기는 도학(道學)을 천명하였다.

또한 영남 사림파를 대표하는 조선성리학에서 정몽주, 길재, 김숙자, 김굉필, 조광조, 이언적, 이황의 앞에서 도통(道統)의 중심으로 평가 받는다. 그곳 생가와 뒷산 묘소에 올라 풍수상의 묘 터를 보고 예림서원으로 발길을 돌리니 김종직이 후학들의 교육기관으로 세워 김종직(호 점필재), 방한주(호 오절재), 신계성(호 송계)을 모시고 3월과 9월에 향사를 한다.

흥선대원군의 철패령으로 많은 고난을 겪었으며 지금은 육덕사, 정양문, 독서루 등 옛날의 전성기를 보여준다. 보물147호로 지정된 영남루는 규모도 크거니와 사방으로 경치를 바라볼 수 있고, 유유히 흘러가는 응천강은 밀양시를 더욱 아름답게 볼 수 있게 한다. 북쪽 천진궁의 만덕문을 지나니 궁 안 중앙에 단군의 영정을 봉안하고 양쪽에 삼국의 시조, 고려 태조 등 여덟 분이 봉안되어 있다. 곧 바로 전설의 고향에 나오는 아랑각으로 발길을 돌렸다.

밀양아리랑이 새겨진 표석이 있는데 '진도아리랑, 정선아리랑'과 함께 3대 아리랑이다. 안내자로부터 아리랑 뜻의 설명을 들었다. 우리의 조상은 한 많고 원한이 사무치는 삶으로 생활한 민족이라고 한다.

내가 아랑각을 들어서서 표석을 보니 성은 윤씨요, 이름은 정옥(貞玉)이다. 십팔 세에 재예(才藝)와 자색(姿色)이 빼어났으며 아버지의 사랑을 독차지한 외동딸이라 한다. 어느 날 유모의 꾐에 빠져 보름달을 보러 영남루에 나왔다가 주기(朱旗)로부터 정조를 강요당하자 죽음으로 항거하여 정절(貞節)을 지켰다. 각에는 정옥의 영정이 있고 앞에는 '정옥지묘'라는 표석이 있다.

우리는 시간이 없어 시립박물관, 무봉사석조여래좌상, 수중보, 밀양읍성, 향교 등은 답사하지 못하고, 동부권에 있는 표충사 박물관을 답사하고 얼음골로 갔다.

4대 신비 중의 하나인 얼음골은 수려한 자연경관과 태고적 신비를 그대로 간직하고 있으며, 삼복더위에도 얼음이 얼고 처서가 지나면서 얼음이 녹는 신비로운 이상기온 지대다.

삼복더위가 한창일 때가 절정에 이른다. 반대로 가을철에 접어들면서 얼음이 녹기 시작하여 겨울철에는 바위 틈에서 더운 김이 올라오고 계곡에 흐르는 물도 얼지 않는다. 다른 관광지와 달라 초여름에서 늦가을까지 많은 관광객의 발길이 끊이지 않는다. 가마골 협곡을 갔는데 마치 가마솥을 걸어놓은 아궁이처럼 생겼다하여 붙여진 이름이다. 그 옆 '오천 평 바위'는 화강암으로 융단을 깔아놓은 듯 넓게 보여 붙여진 이름이다. 그곳을 지나 하산하여 만어사와 만어사어산불영경석은 신비 중의 하나인 데도 못 보고 서부권에 있는 사명대사 유적지와 표충비를 답사하고 나니 해가 진다. 영산정사, 대법사를 뒤로하고 그곳 가까운 박시춘 생가 남천둔치 등 좋은 곳도 못다 보니 1박 2일로는 너무나 무리한 답사 계획이었다. 먼 그곳까지 가서 아쉬움을 남기고 돌아오니 무척 서운한 감이 들었다.

요즘 밀양은 '밀양'이라는 영화로 제작촬영에 한참 뜨고 있다. 온통 축제분위기 속에 전 시민이 흥분하고 있다. 영화의 90% 이상을 그곳에서 촬영했다. 2007년 촬영한 칸영화제에서 전도연이 여우주연상을 받았다. 인구 12만의 소도시 밀양에 주요 촬영지인 시청 뒤 가곡동 '준피아노' 앞과 밀양역 등 시내 곳곳에 축하 대형 현수막이 등장했다. 밀양시는 이 영화를 만드는데 많은 지원을 아끼지 않았다 한다.

밀양시장은 이 기회를 통해 관광지 개발에 적극 활용할 생각이라 말했다. 간부회에서 테스크포스를 구성토록 하고 영화 촬영지와 영남루 등 주변 유적지를 연계한 관광 상품을 개발한다. 나도 영화 한 편이 주는 영향이 만만치 않아 기분이 좋았다.

또한 밀양은 축제 마당을 만들어 '밀양아리랑 대축제, 밀양연극촌 얼음골동의 축제, 여름공영예술 축제, 삼랑진 딸기 한마당 축제, 농산

물의 사과 축제, 고추 축제' 등 다양한 축제를 열어 살기 좋으며 세계적인 관광지로 각광받는 밀양으로 만드는 것이 숙원사업이라 한다.

언제쯤 그곳에 가서 못다 본 유적지와 관광상품으로 각광받는 촬영 장소와 다양한 축제도 한 번 다시 보고 싶다.

〈스토리문학〉 2012년 여름호

오대산과 정선아리랑

사범학교 동창들이 모처럼 여행을 떠났다.

단풍이 물든 오대산과 고려인들의 혼이 깃든 아리랑의 전설, 정선을 돌아보기 위해 나는 아침 일찍 서둘렀다. 구름 한 점 없는 맑은 가을에 졸업생 15명이 버스를 타고 관광을 떠났다.

인생은 60부터라 10년을 덤으로 사는 70 노객들의 여행이라 마냥 즐거웠으며, 강원도 오대산을 찾았을 때는 오전 11시였다.

이 산은 비로봉, 동대산, 두로봉, 상왕봉, 호령봉 등 다섯 개의 산으로 이루어져 오대산이라 한다. 폭포와 늪, 깊은 계곡이 조화를 이루고 조류·곤충류·식물 등 860여 종의 다양한 동식물들이 살고 있는 아름다운 산 속에서 우리는 천년 고찰 월정사와 상원사를 찾았다.

일행은 월정사 입구에서 내려 월정사 현판을 배경으로 사진 촬영하고, 모처럼 복잡한 도시를 벗어나 500년 된 아름드리 전나무가 빽빽이 들어서 있는 사잇길로 맑은 공기를 마시며 걸었다.

월정사는 진부면 동산리 오대산 동쪽 계곡 울창한 산림 속에 자리잡고 있다.

동대 망월산을 뒤로하고 이 산의 정기가 모인 푸른 침엽수림에 둘러싸여 천년의 아름다움을 자랑한다.

신라 선덕여왕 12년에 자장율사가 중국 오대산에서 문수보살을 친견하고 얻은 부처님의 천골사리를 오대산에 봉안하고 절을 창건했다 한다.

이 산은 조선시대 세조대왕이 문수동자를 친견하고 병이 나아진 영산이라고도 한다.

내가 제일 먼저 찾은 곳은 대웅전 앞에 있는 국보48호 '팔각구층석탑'이다. 부처님 진신사리 37과로 봉안한 탑은 고려 초기에 건조된 다층 석탑으로 높이가 17미터나 된다. 이곳에 오면 많은 불자들이 소원성취를 빌며 탑 둘레를 몇 바퀴 돈다고 한다. 나도 탑 둘레를 돌며 소망을 빌었다.

월정사는 한진그룹 조중훈 회장이 많은 관심을 갖고 보은하여 다리와 전각도 세우고 길도 잘 닦아놓아 우리는 아스팔트길을 순조롭게 갔다. 상원사로 가는 길은 비포장도로라 6킬로미터를 천천히 가다보니 답답했지만 월정사보다는 단풍이 붉게 물들어 나름대로 아름다운 산을 만끽하며 걸었다.

일행은 상원사에 도착하여 돌계단을 밟으며 절로 올라갔다. 이 사찰은 신라 선덕여왕 때 보천과 효명이라는 신라의 두 왕자가 세웠다고 한다. 상원사에는 국보36호로 지정된 동종(銅鐘)이 선덕왕 24년에 만들어진 것으로 우리나라에서 가장 오래 되었다. 음향이 맑고 깨끗하며 종 표면에는 하늘을 비상하는 공후와 생을 연주하는 비천

상(飛天像)이 양각되어 국보급으로 가장 우수한 종이라 한다.

대웅전 안에 있는 국보 221호인 문수동자상은 세조대왕이 친견하고 병이 나아 동자의 모습을 조성한 것이다.

산내에 있는 암자, 관세음보살을 모신 동대 관음암, 문수보살이 계시는 중대 사자암, 지장보살이 머문 남대 자장암, 한강의 발원이며 대세지보살이 계시는 서대 염불암, 500나한이 있는 북대미륵암, 자장율사가 정골사리를 모신 적멸보궁 등은 시간이 없어 돌아보지 못했다.

적멸보궁은 전국에서 소원성취의 기도가 제일 잘 듣는다 하여 불자들이 많이 오고 선남선녀들도 자주 찾는다고 한다.

일행은 아쉬운 마음을 갖고 식당으로 향하였다. 점심은 산채정식과 황태로 나눠 먹었다. 시장이 반찬이라 아침을 제대로 먹지 못하고 떡으로 때우고 늦게 먹는 점심이라 꿀맛이었다. 어떤 회원은 두 그릇이나 비웠다. 후식으로 커피를 마시고 바로 평창을 벗어나 정선으로 향했다.

버스 기사는 정선 가는 길에 공사하는 곳이 많으니 주문진에 가서 바다회를 먹고 오는 것이 좋다며 제안했으나 나는 계획대로 정선으로 밀어붙였다.

정말 올여름 수해로 인해 여러 군데 길이 무너져 복구가 한창이었다. 거리는 35킬로미터지만 워낙 천천히 가다보니 시간이 많이 걸려 영월 청령포 가는 길은 포기하고 말았다. 어렵게 정선을 찾았을 때는 오후 4시가 되었다. 매월 5일에 한 번씩 여섯 번 장이 서는데 정선 지역에서 생산되는 산나물, 약초, 메밀묵 등 특산물이 많은 장터다. 장터에서 직접 제작 판매하는 짚신, 농기구 등 잊혀져가는 생활용품을 사고파는 재래 장터의 정겨움이 가득한 곳이기도 하다.

감자부침, 올챙이국수, 감자떡, 콧등치기, 정선에서만 전해지는 향토 음식이 별미라는데 시간에 쫓겨 먹어보지도 못하고 온 것이 왠지 서운하고 허전하다.

운전수의 지리 미숙으로 길을 잘못 들어 두 시간을 헤매고 정선을 떠날 때는 땅거미가 찾아드는 황혼이었다.

모든 일정을 계획하고 주관한 나는 동기들에게 미안한 생각이 들었다.

정선에는 8경이 있는데 화암동굴, 소금강 등 7경을 보지 못하고 온 것이 마음 한 구석 못내 쓸쓸하다. 모처럼 노객들의 즐거운 나들이인데 관광을 제대로 하지 못한 여행이 못내 아쉬웠다.

〈지구문학〉 2012년 겨울호

선(禪)바위와 신앙

선바위는 인왕산 중턱에 있다.

조선왕조가 경복궁을 세우면서 풍수지리상 좌청룡에 해당되며 내사산의 하나인 인왕산에는 많은 유적들이 자리 잡고 있다.

지하철 3호선 '독립문역' 1번 출구를 나와 북동쪽을 향해 올라가다 보면 두 사람의 중이 장삼을 입고 서 있는 형상, 두 개의 바위가 보인다. 이 바위를 선바위라고 부른다. 선바위 아래에는 우리나라 무당(巫堂)의 본당인 국사당(國師堂)과 인왕산의 명칭을 붙이게 한 인왕사(仁王寺)가 있다. 그 주위에는 범바위, 붙임바위, 황학정 등 유적들이 많다.

선바위 선(禪)을 풀어보면 닦을 선, 고요할 선, 중이 조용히 참선한다는 뜻이다. 선바위는 보는 이에 따라 모양과 생각이 다르게 느껴진다고 한다.

전해오는 이야기로 이성계 부부라는 설, 이성계와 무학대사 상이라는 등 여러 견해가 있다.

지금은 기자암(祈子岩)으로 더 유명하다. 나는 서울역사문화포럼 연수생들이나 문학 회원들에게 선바위 해설자로 현재의 기자암(祈子

岩)과 성곽을 쌓았을 때의 두 가지 역사적 사실을 알려주었다. 지금은 아들을 얻지 못해 아들을 낳고자 기원하는 사람이 이 바위에 하루 수십 명이라고 한다.

예로부터 우리 민족은 돌에 신령이 있거나 신비한 힘이 있다고 믿었다. 남근석, 여근석, 유사한 바위나 석물(石物)에 고사를 지내면 효험을 본다고 생각했다.

『한국의 성석(性石)』의 책을 읽어 보면 우리나라에 500여 개의 성스러운 성석이 있는데 그 모양이 다양하다고 한다.

강원도 홍천 팔봉산 입구에 있는 남근석은 세워놓기 전에는 남자 등산객이 한 해에 몇 사람씩 산행 도중 떨어져 목숨을 잃었다고 한다. 팔봉산의 형세는 여자가 누워 있는 형상이라 남근석을 세워놓았다 한다. 정선 화암동굴에 있는 남근석은 손끝만 대도 아들을 낳는 효험이 있어 관광객들이 자주 만져 반들반들하다.

옛날에는 아무나 선바위에서 기도를 드렸다. 특히 무당들이 많이 찾아와 촛불을 켜놓고 종이를 태워 주위가 지저분할 뿐만 아니라 산불 위험도 많아 접근을 못 하게 했다.

서울특별시에서 민속사료 제4호로 지정하여 제단도 만들고 말끔하게 단장 해놓아 지금은 깨끗하고 차분한 분위기가 든다.

조선 초 한양에 천도하면서 도성을 쌓게 되는데 조선말에 쓴 〈동국여지비고〉에 보면 정도전과 무학대사 사이에 선바위를 놓고 안으로 쌓느냐 밖으로 쌓느냐 크게 다투었다 한다. 공사를 맡은 개국 공신 정도전은 선바위를 밖으로 쌓자고 하고, 이성계의 왕사인 무학대사는 성 안으로 쌓자고 하여 의견이 대립되었다 한다.

이성계는 두 사람 의견에 의문을 물으니 선바위가 안으로 들어오면 불교가 성하고, 밖으로 나가면 유교가 성한다고 했다. 태조가 고민하고 있을 때 이튿날 아침 장안에 흰눈이 내렸다. 사대문 안쪽의 눈은 모두 녹아버리고 성곽이 쌓아진 바깥쪽은 녹지 않아 기이하게 생각한 이성계는 하늘이 내려준 계시로 알고 선을 따라 성을 쌓으니 선바위는 자연 성밖으로 밀려나게 되었다.

무학대사는 한숨을 쉬며 중이 선비의 책 보따리나 짊어지고 따르는 신세가 되었다며 한탄했다고 한다.

나는 전설이나 미신은 크게 믿지 않지만 역사공부를 하는 나로서는 역사의식으로 보기에 실록과 야사가 어우러지기에 아주 무시하지 않는다.

경복궁 건립에도 무학대사와 정도전과의 대립이 심했다 한다. 무학대사는 경복궁은 동쪽을 향해 세워야 하고, 정도전은 남쪽을 향해야 한다고 주장했다. 결과는 정도전의 뜻대로 되니 무학대사는 200년 안에 큰 전쟁을 예언했으며 장자가 왕을 계승하지 못하고 차자나 삼자가 왕위를 물려받는다고 했다. 무학대사의 말대로 1592년에 임진왜란이 일어났고, 보위도 차자나 삼자가 주로 이었다.

역사를 살펴보면 무학대사의 예언이 맞는 것을 보면 그냥 지나치기엔 느끼는 바가 크다. 답사 일행 중 몇 사람은 선바위에서 기도를 드리기도 했다. 국사당의 진오기 굿소리와 함께 기자 신앙과 맞물려 인왕산 중턱은 온통 소망과 기원의 전당이 되어버렸다.

나는 인왕산을 내려오면서 지금도 기자 신앙의 대상이 되어 많은 사람이 찾고 있는 선바위 내력을 더듬어 보며 바위에 대한 신앙이 조선 사람들에 크나큰 위안이 됨을 느꼈다.

또한 선바위에 전해오는 이야기로 조선왕조 개국(開國)의 초석을 다진 정도전과 이성계의 앞날 예언(豫言)과 함께 장자방이 된 무학대사 두 사람의 여정을 생각하며 선바위의 역사를 더듬어 보았다.

〈좋은수필〉 2017년 4월호

한의학의 고장 약령시(藥令市)

서울 동대문구 제기동에 약령시(藥令市)가 있다.

나는 가끔 약령시에 들려 필요한 한약재를 구입한다. 또한 나와 같이 서울역사문화포럼의 회원 한 분이 한의원을 하기에 몸이 아플 때면 들려 한약을 처방받아 복용한다.

이곳은 조선시대 가난하고 병든 백성들을 돌보던 구휼(救恤)기관인 보제원(普濟院)이 있었던 유서 깊은 곳이다.

현재 전국 한약재의 70%가 유통되는 한약의 중심지다. 전철 1호선 제기역 2번 출구로 나오면 약령시라는 간판이 크게 보인다. 그곳에서 50m쯤 들어가면 '보제원'이라는 비석이 있다. 이 비석에는 보재원의 역사와 조선시대 병든 백성들을 돌보았던 기록이 새겨졌다.

한의학의 대명사 약령시는 제1구역에서 10구역까지 수많은 한의원·한약국·약초상회·약업사·제분소까지 차려져 길거리가 온통 한약제 냄새로 진동한다. 보제원은 서울특별시 제23호로 지정, 한약상가로 늘어선 제기로(祭基路)에 있다.

조선 건국 초기에 왕명에 의해 보제원이 설립된 장소로 지금에 이르러 자연발생적으로 한약 상가(약전(藥廛)골목)가 형성되었다.

서울특별시로부터 1995년 6월 1일 서울약령시(전통한약시장)로 지정되었으며, 국내 최대 물량의 유통 및 진료 투약 지역으로 부상하게 되었다. 특히 보제원은 가난과 병고에 시달리는 백성에게 의술과 탕약을 베풀어 새 삶과 희망을 주었던 구휼기관으로 제세구민을 위한 생명 존중의 참사랑이 살아 숨쉬는 곳이며 선열들의 혼과 위업이 담긴 역사의 고장이기도 하다.

사단법인 서울시약령협회는 제기동 한림빌딩 5층에 사무실을 두고 한방문화축제를 계획하여 다채로운 행사를 매년 10월에 한다. '새로운 출발 서울약령시'라는 프로그램으로 보제원 제향, 기념식, 시민 노래 자랑, 한방체험참여행사까지 연계한다. 청계천 광장에서 일주문까지 약 7km '물 따라 길 따라 가족 나들이 한사랑 시민 걷기 대회'를 하며 경품 추첨까지 한다.

이곳 제기동은 조상들의 발자취가 살아 숨쉬는 곳이다. 약령시 조금 떨어진 곳 옛날 사범대 자리에 선농단이 있다.

선농단에서는 매년 4월 25일경 '선농문화재'를 연다. 면적 3.33m² 면적을 갖춘 선농단은 조선 성종 7년에 조성해 1979년 제기동에 사는 뜻있는 분들이 친목회를 구성해 1년에 한 번씩 치제를 올렸다. 1992년 동대문구와 선농보전위원회가 함께 제(祭)를 올리고, 많은 지역 주민들의 참여로 축제를 빛내며 그날은 설농탕을 무료로 제공한다. 설농탕의 유래가 그런 연유에서 나왔다. 지금은 동대문구청 주관하에 대대적인 선농대제를 실시한다.

동대문구의 큰 보배이며 오랜 역사와 전통을 가진 서울약령시는 1995년 전통한약시장으로 지정되고, 2005년 한방사업 특구로 승인을 받아 명실 공히 대한민국의 유일무이한 최대 한약시장으로 성장한다.

약령시 앞 왕산로 128번지에 동의감 터에 '서울약령시한의학박물관'이 있다. 동대문구에서 선조들의 우수한 한의학 문화를 보전·계승·발전시키고 지역 경제를 활성화시키고자 한의학 관련 자료 전시와 문화 공간을 갖춘 박물관을 건립하였다.

동대문구에서는 앞으로 서울약령시 한의학 박물관을 우리나라 한의학 문화를 선도하는 최대 최고의 문화공간으로 육성 발전시킨다는 프로그래밍을 계획한다.

대한민국 최대한 약제 유통 중심지이며 조선 규휼 및 의료 기관이던 보제원 터에 위치한 '서울약령시한의학박물관'은 동대문구에서 2006년 설립해 9월에 개관하였다. 한국전통의 한의학 관련 유물과 한약재 전시를 통해 우수한 한의학 문화로 계승·보전·발전시키려고 설립된 공간이다. 관련장비 500여 점, 한의학 관련 유물 420여 점, 한약제 360여 점이 전시되었다.

여기에 한의학을 계승·보전하려는 박물관, 서울약령시협회, 서울약령신문 등 여러 단체가 협력해 제기동의 약령시를 한층 발전시켜 한의학의 본 고장임을 빛낸다. 또한 한약에 대한 역사를 알 수 있어 조선 의학을 길이 보전해야 된다고 보며 동대문의 자랑이라고 생각한다.

〈동대문문학〉 2014년

베트남 여행(旅行)

음악회원 일행이 베트남 여행을 했다.

사회주의 공화국으로 인도차이나반도에 위치한 베트남은 남북으로 길게 이어진 나라다. 4박 5일의 여행은 길고도 지루한 인상을 주었다. 베트남의 수도 하노이에서 제일 좋다는 대우하노이호텔에 일행 8명은 여장을 풀고 첫밤을 보냈다.

어제는 비가 오더니 오늘은 햇빛이 내려쬐이는 무더운 여름이다. 습도가 높다보니 양지나 그늘이나 구별이 없다.

첫날은 수도 하노이 시내를 관광하였다. 독립과 통일이라는 두 가지 과업을 이룩해낸 위대한 지도자로 추앙받는 호찌민의 영묘, 생가, 박물관, 끼엠호수, 바다 광장을 관광하였다. 영묘에는 호찌민의 누워있는 생전의 모습을 그대로 일반인에게 공개한다. 하루에도 수천 명이 그곳을 찾는 수입만도 매월 1억이 넘는다고 한다. 호찌민은 죽어서도 베트남을 위해 헌신하고 있다. 베트남 국민들의 절대 우상이며 국부(國父)인 호찌민은 가명만 해도 수백 개에 이른다고 한다.

제2차 세계대전 중 호찌민(胡志明)이 이끄는 비엣밍(越盟)은 프랑스 정부와 일본을 공동의 적으로 삼고 투쟁하는 중심 세력이었다. 호찌민은 1890년에 태어나 누구보다도 어렵고 힘든 30년 해외생활을 하면서 탁월한 정치가·혁명가·문필가·연설가로 거듭 태어나 독립운동에 뛰어들었으며, 1942년 8월에 중국으로 들어가면서 호찌밍이라는 이름을 썼다.

월맹을 이끌며 연합군의 협력을 모색하기 위해 중국에 들어가 국민당 계열에 접근하다가 체포되어 18개 감옥을 옮겨 다니며 옥고를 치를 때 옥중일기를 썼다. 이 옥중일기는 134편으로 나누어졌는데 주제별로 신변기, 감옥상황기, 이감상황기, 기타 등으로 구분되어 있다.

1960년에 하노이에서 번역 출판되어 역사 연구를 위한 사료와 베트남 공산당원과 각급 학교 학생들의 정신 및 문학 강의 자료로 널리 사용되고 있다.

베트남의 정신적 지주이자 신적 존재인 호찌민은 현실적·실리주의적인 베트남인의 전형적 숭배자다.

호찌민의 생활관인 침실, 서장, 타고 다니던 차, 접대석, 끼엠호수를 한 바퀴 도는데 한 시간이 걸렸다. 특히 외국인 접대석은 정원 한 가운데 탁자와 의자뿐이었다. 안내자의 말이 누구와도 접대하면서 부정 없이 깨끗한 대인관계를 보여주기 위해 사방이 트인 곳에 자리를 잡았다고 한다. 오늘날 베트남인들이 '호 아저씨'라고 불리는 말도 소박하고 인정 많은 이웃 아저씨 같은 깨끗한 성품에서 유래했다.

월요일과 금요일은 휴관이기 때문에 제일 먼저 관광을 하였다. 전용 버스를 타고 2시간 30분 소요하여 육지의 '하롱베이'라는 난빈

호아루에 도착하였다. 약 2킬로미터의 거리를 대나무 배를 타고 주위 환경과 기암괴석 수직절벽 종유석 동굴 등을 관광하였다. 이곳을 '땅곱'이라고 부르는데 논 숲의 하롱베이, 육지의 하롱베이라고도 한다. 숲으로 우거진 늪지대에 호수가 생겨 깊지는 않아 빠져도 수심이 얕아 생명에는 지장이 없다. 물고기가 살지 못하고 우렁이와 가재만 서식하고 있다. 고인 물이라 냄새가 좋지 않다. 4시간 버스를 타고 호텔로 돌아와 숙박 후 찾은 곳이 1993년에 유네스코로부터 '세계자연유산'으로 인정받은 깊고 푸른 바다의 삼천여 개의 주변 섬과 종유석으로 되어 있는 석회 동굴이다.

베트남의 대표적 관광지로 여겨 왔으며 동굴 속에는 하늘무늬의 용현석, 용좌, 폭포, 선녀목욕탕, 김구 선생의 옆모습 등을 잘 설명해 주었다. 배로 주변 섬을 돌면서 선상에서 점심을 먹고 옵션으로 30불을 지불하여 베트남에서 제일 맛좋기로 유명한 씨프드 각종 해산물 특선요리를 먹어보았다. 티틉섬의 전망대에 올라가니 3,000여 개의 작은 섬들이 한 눈에 들어오니 그야말로 장관이요, 그 아름다움은 말로 표현하기가 어려웠다.

하롱베이 국립공원은 영화 '인도차이나'와 로빈 윌리엄스의 '굿모닝베트남'의 배경이 되었던 곳으로 우리에게도 낯설지 않는 곳이다. '하롱'이라는 말은 글자 그대로 '용이 바다로 내려왔다'는 것을 의미한다. 전설에 따르면 한 무리의 용들이 외세의 침략으로부터 사람들을 구했고, 침략자들과 싸우기 위해 내뱉은 보석들이 섬이 되었다고 한다. 3일째 되던 날 하롱베이에서 하노이로 이동하는데 4시간, 점심 후 베트남 최고의 전통 수상 인형극을 관람하는데 16세기 델타의 홍강에 마련한 독특한 예술이라 한다. 1부는 민속 악기와 합주가 있어 분위기를 살리고, 2부는 수상 인형극인데 17개의 동작을 보여주었다. 주로 베트남의 전설이 많이 등장했다. 그 중에서도 레러이왕과 그에 얽힌 환검호의 전설 표현이 돋보였다. 수상 인형극은 북부 베트남의 고유한 형태이며 전 세계에서도 유일하게 베트남에서만 찾아볼 수 있다 한다.

하노이 시민들은 근면하게 보였다. 교통수단이 거의 오토바이라 하루 종일 교통이 마비될 정도로 오토바이 행렬이 바쁘게 줄을 이었다. 자동차는 제대로 주행을 못하였다. 안내자의 말이 이곳 시민들은 거의가 일정한 직장에서 작업하는 것이 아니라 아르바이트 형태의 직업이 많다고 한다. 어느 한 곳에 몇 시간의 일을 끝내면 다른 일터로 가서 일을 해야 하므로 바쁘게 사는 것 같다. 베트남은 아직도 전쟁에 대한 후유증에서 벗어나지 못한 후진국이다.

하노이시의 건물은 옛 건물이 많고 신호등 체계도 확립되지 않아 중앙선 개념이 희박하다. 오가는데 먼저 진입하는 차가 우선이었다. 산에는 나무가 적고 바위도 사암(死岩)이 많았으며 큰 강은 홍강(붉은물)이었으며 기후는 사계절이 있다하나 무더운 여름이 긴데다가 습도가 높아 자연 환경적으로 그리 좋지 않다. 그러나 베트남은 크게 발전하며 머지않아 경제대국으로 진입할 것 같다.

인구는 약 8천7백만 명, 땅 넓이는 한국의 1.5배에 이르며 쌀과 천연고무 수출은 세계 2위, 석유 매장량이 세계 1위인데 아직 개발을 하지 못한 범위도 넓다고 한다. 다른 나라와 기술 합작하여 석유를 생산한다면 크게 번창하고 부강한 나라가 될 것 같다. 지금 베트남은 우리나라 60년대와 같다. 속히 여러 나라와 국교를 맺고 개방하여 선진국 대열에 합류했으면 싶다.

현재 우리나라의 많은 기업들이 베트남에 참여하고 있다. 대우기업이 크게 환영받으며 김우중씨는 베트남의 경제고문역을 맡았다고 하니 참 좋은 현상이다. 베트남은 대한민국의 이미지(印象)를 좋게 보고 있다. 그래서 그런지 국제결혼에 월남여자들이 우세하고 특히 농촌 총각들이 베트남 여자와 결혼을 많이 하고 있는 실정이다.

4박 5일의 여행을 마지막으로 하노이 비행장을 떠나면서 한국인으로 태어난 사실에 긍지와 행복을 느껴보았다. 사계절이 뚜렷하고 온화한 기후와 태풍이 적고 지진이 없는 살기 좋은 나라, 경제대국으로 발전하는 행복한 대한민국 국민이라는 뿌듯한 감격에 기분이 날아갈 듯 기뻤다.

〈문예비전〉 2012년 1·2월호

대마도 여행

금년 3월 1일 아침 나는 아파트 베란다에 태극기를 걸었다.

1919년 대한독립만세를 부르며 일제에 항거했던 그날을 상기하며. 어느 날보다도 기쁜 마음으로 3·1절을 맞이했건만 금년 정유년은 쓸쓸하고 마음이 괴롭다. 오래 전부터 절친한 친구 네 명이 계획했던 대마도 여행을 가기 위해 우리는 오후 1시 기차를 타고 부산으로 향했다.

국론이 분열되고 세대의 양극화 현상에 마음이 편치 않았지만, 이미 계획된 여행이라 실행할 수 밖에 없었다. 현재 우리나라는 그야말로 법치가 실종된 것 같은 상황이 연일 벌어지고 있다. 2016년 12월 9일에는 국회가 대통령을 탄핵하였다.

그날 시청과 광화문에서 한 치의 양보도 없이 태극기와 촛불 모임이 대대적인 탄핵각하와 인용의 모임을 가졌다. 국회가 일방적 탄핵을 가했기에 나는 태극기 집회에 몇 번 참석했지만 오늘은 여행으로 참석하지 못하고 떠나기에 마음이 허전하다.

일행은 부산에서 1박한 후 이튿날 아침 7시 신국제여객터미널 3

층에서 수속을 밟고 대마도 여행길에 올랐다. 10시 40분경 대마도 히타카츠항에 내리자마자 우리는 김정원 가이드를 따라서 일식으로 점심을 했다. 식후 관광버스를 타고 제일 먼저 찾은 곳은 '일본 100선' 에메랄드 해수욕장에 도착하여 바다를 보며 해변을 걸었다. 맑은 날이면 부산이 보인다는 역관사 순국비가 있는 한국전망대로 가서 조선통신사의 활동과 역사를 듣고 일행은 숙소로 향했다.

대마도 여행은 자연환경이며 산과 나무, 조선인의 역사를 찾고 보는 것이 전부라고 한다. 대마도에는 논과 밭이 없다. 산에 나무만 무성하고 울창하여 자연환경이 좋다.

특히 상수리나무는 빽빽이 산지를 이루며 곱게 뻗어 있어 자연의 운치를 더해준다. 또한 산과 내가 오염되지 않아 아름다운 산세와 맑은 내를 만끽하며 즐거운 마음으로 돌아보았다. 우리는 결과적으로 산과 내만 관광했던 셈이다.

외국여행을 여러 번 해봤어도 이틀 동안 시야에 산과 내만 들어오는 풍경은 처음이었다. 이곳은 생산성이 별로 없는 땅임을 볼 때, 조선왕조 시절 왜인들이 먹을 것을 찾기 위해 조선에 쳐들어와 노략질을 일삼은 역사를 생각해 보게 한다. 가는 곳마다 조선인의 발자취가 숨겨져 있기에 우리 땅임을 실감하지 않을 수가 없었다. 일행은 일본 영토에 울분을 느끼면서도 다시 한 번 대마도에 대한 애착을 가져본다.

대마도 명칭을 보면 원래 마한(馬韓)의 영토로 마한과 마주 대하고 있는 섬이다.

대마도(對馬島)는 '마주할 대(對), 말(마한) 마(馬), 섬 도(島)'를 써서 대마도라고 한다. 조선왕조 태종 때 이종무 장군이 이끄는 군대에 대마도주 백작은 항복을 하였다.

화친정책으로 병조판서 조말생이 작성한 문서를 보면 조선에 항복하든, 일본으로 돌아가든 양자택일의 서한을 보냈다 한다.

태종은 대마도 백작에게 항복을 받고 토산물(土産物)을 받았다고 한다. 이곳은 토지가 척박하고 생활이 곤란하니 귀국 영토 안에 주(州)의 명칭을 정하여 관인(官印. 印信)을 주신다면 신하의 도리를 다하고 충성을 하겠다고 맹세했다.

세종대왕이 1420년 1월 23일 대마도를 경상도에 편입시켜 조선의 지배를 받게 했다. 거리를 보아도 부산과 대마도 히타카츠항까지 49.5km이고, 일본과 히즈하라항 까지는 138km이다. 우리나라보다 약 3배 정도 멀고 지역적으로 보아도 우리 땅과 훨씬 가깝다. 선조 때 당파(동인과 서인) 싸움으로 등한시하여 일본에 예속된 영토로 돼 버렸으니 참으로 한심하고 부끄럽다.

나는 대마도를 한 번 가봐야지 하면서 못 가다가 힘들게 찾은 대마도가 자연을 빼고는 볼거리가 없었다. 그래도 내가 대마도를 찾은 큰 이유는 덕혜옹주와 면암 최익현 유적과 유배지를 답사하기 위해서다.

여행 마지막 날 '덕혜옹주결혼봉축기념비'를 찾았다. 금석성 정원에는 '이왕가백작가(李王家伯爵家)'라는 표지목이 있는가 하면 '덕혜옹주결혼봉축기념탑'이 있다. 덕혜옹주는 1912년 고종황제가 61세에 귀인 양씨 사이에 태어난 6남매의 고명딸로 고종의 총애를 한 몸에 받고 자랐다.

히로부미가 고종의 아들 영친왕을 일본 여성 이방자 여사와 강제 결혼시켜 일본에서 교육시킨다는 명분으로 자기 나라로 데려갔다. 고종은 덕혜옹주를 일본에 빼앗기지 않으려고 일곱 살 때 시종 김종환의 조카 김장한과 약혼시켰다. 당시 일본은 조선의 정신적 지주 고종을 제거해서 독립운동을 뿌리채 뽑아버릴 수 있다고 판단하여 고명딸 덕혜옹주를 떼어놓으려 했다. 이등박문은 조선의 황족을 일본에서 교육시켜야 한다는 억지 주장에 1925년 4월 25일 13살 때 아오이지마에 있는 여자 학습소에 입학시켰다고 한다. 일본 중앙정부는 대마도주 종무지 백작과 동경에서 결혼시켜 시댁(媤宅)인 대마도에 딱 한 번 인사차 방문시켰다고 한다. 옹주의 애정 없는 결혼생활은 남편의 냉대와 식민지 출신 왕녀에 대한 멸시로 순탄치 못한 삶을 살았다. 불우한 결혼생활에 시달려 몽유병에 걸리고 병세가 악화되자 무단가출을 막기 위해 족쇄를 채워 강금시켰다고 한다. 정신병의 악화로 생활이 불가능해지자 미추자와 정신병원에 수감됐다. 해방 즉시 이승만 대통령의 비협조로 귀국하지 못하다가 1962년 1월 26일 박정희 대통령이 귀국시켜 서울대병원에 입원시킨다. 7년간 치료한 후 창덕궁 낙선재에서 생활하다가 1989년 77세의 한 많은 인생을 마감한다.

대마도 민속자료관에 걸린 수채화 속에 비운의 여인 '덕혜옹주결혼봉축기념비'를 보며 허약한 조선왕조 식민생활의 비참함을 다시

한 번 일깨워 주었다.

일행은 면암 최익현 초당지와 순국사에 있는 순국비를 돌아보았다. 초당지에는 영어(囹圄)의 몸으로 구치소를 건축할 때까지 101일 동안 구금당했던 곳이다. 김정원 안내자의 말로는 지금은 개인주택으로 되어 살림집이 되었다고 한다. 면암의 순국지는 아사 순국(餓死殉國)한 장소를 말한다. 사지키바라의 신축 구치소는 면암이 1906년 10월 16일 이감되어 다음날 10월 17일 간수가 머리를 자르려하자 호통을 치고 최후의 단식을 결행하고 31일 만에 아사 순국했던 곳이다.

최익현은 1905년 을사늑약(乙巳勒約)이 발표되자 머리를 굽혀 치욕을 당하기보다는 군신과 백성이 모두 나가 싸우자고 주장했다. 또한 수백 명의 유림을 모아 시국의 절박함을 호소하고 국권회복운동을 촉구했다. 74세의 고령으로 항일애국운동을 계속했으며 애국동포에게 동참을 호소했다. 1906년 6월 27일 체포되어 일본 군법회의에서 3년형을 받고 대마도에 강제 이송되어 감옥에서 쓸쓸한 생애를 마쳤다.

두 분의 유적을 돌아보며 대마도는 비록 일본 땅이지만 우리 조선의 역사가 숨겨져 있다. 조선왕조가 조금만 신경을 썼더라면 우리 땅이 될 수 있지 않았을까 하는 안타까움이 마음 속에 일었다. 허약과 무능으로 당파 싸움만 일삼다가 일본 영토가 되었으니 자국(自國)을 지키지 못한 조선의 역사에 애석한 마음을 금할 수가 없었다. 차오르는 울분을 겨우 진정시키며 돌아서는 발걸음이 더욱 무거운 하루였다.

〈수필춘추〉 2017년 여름호

광나루

광나루는 광진구 광장동에 있는 나루터로 광나루, 너른 나루, 광장진(廣壯津) 등으로 불린다.

이 나루는 주거지역과 인접되어 있으며 수면(水面)을 이용한 지역으로 면적이 약 67만 4천m^2로 10만 평의 유원지 및 체육시설이 있다.

운동 시설로는 드림 코스, 야구장, 정구장, 배구장, 스케이트장이 있는가 하면 어린이 놀이터, 모형 경기장, 유희 시설도 마련되었다.

광나루는 덕소 부근의 남북 한강이 합류하여 팔당 부근에 이르러 당정리(堂亭里) 하중도(河中島)와 미사리(渼沙里) 하중도(河中島)를 형성한다. 한강 구조곡의 방향을 따라서 남서류(南西流)하여 아차산 아래로 흘러 잠실동 하류에 이른다.

이곳 광나루는 한강 이북과 이남 지역을 연결하는 중요한 길목의 하나로 사람들의 왕래가 가장 많았다.

아차산 아래 강북나루는 선착장 위로 강북로의 다리가 놓여 있어 그 옛날 배를 타고 놀던 옛터는 사라지고 풀만 무성하게 자란다.

옛부터 강을 사이에 두고 양쪽 지점에는 나루가 이루어졌다. 조선 왕조의 중요 간선도로를 통과하는 한강에는 일찍부터 광나루(廣

津), 삼밭(三田), 서빙고(西氷庫), 동작(銅雀), 노들(露梁), 삼개(麻浦) ,서강(西江), 양화(楊花)나루 등이 개설되어 있다. 특히 광나루 삼밭, 서빙고 동작 노들나루는 5강진로(五江津路)라 하여 가장 중요한 교통 도로로 이용되었다.

그 중 광나루는 삼남지방(충청·경상·전라)에서 올라오는 첫 나루로 사람과 물자를 건네주는 나룻배의 왕래가 제일 많았다.

신석기시대에는 북쪽에서 이주해온 민족의 일부가 강동구 암사동 강변 일대에 수혈주거시설(竪穴住居施設)을 마련하여 살았다. 삼국시대 백제 온조왕은 지금 서울 하북(河北)에 위례성(慰禮城)을 쌓았다가 강남구 천호동 하남으로 옮기고 국가(國家)로서의 기능을 시작했다.

하남지방은 토지가 비옥하고 교통이 편리하여 많은 사람이 모여들었고, 게다가 당시 민족의 이동이 계속되고 있었기 때문에 광나루의 교통로 역할은 매우 컸다.

광나루는 역사가 많은 곳이다. 고구려는 396년 광개토대왕이 수군을 거느리고 광나루를 건너 백제 도성까지 육박하였다. 장수왕은 475년 3만의 대군을 거느리고 광나루 건너 하남 위례성을 함락하고 개로왕을 사살하였다. 백제는 한강 유역을 포기하고 금강 유역(공주)을 중심으로 나라를 이끌어 갔다.

광나루는 고구려와 신라가 왕래하는 주요한 길목이었다. 고구려의 온달장군이 아차산성에 요새를 구축하고 신라를 공격하고자 했을 때도 이 강을 건넜던 곳이다.

신라의 김춘추가 고구려에 원군을 요청하러 갔을 때도 광나루를 건너갔다.

고려의 왕건도 신라에 편입한 후백제군을 토벌하러 경상도 안동 지방으로 출정할 때도 광나루를 건너 문경세재로 넘어갔다.

1882년 임오군란 때 명성황후가 장호원으로 피난 가는 길에도 광나루를 건넜다.

정부의 도강(渡江) 금지령(禁止令)이 내려 강을 건너지 못해 사공에게 금반지를 빼어 주고 건너 피신했다. 군란이 평정되어 50여 일 만에 다시 환궁할 때는 위풍당당하게 수백의 호위병을 이끌고 이 광나루를 건너왔다.

광나루가 본격적으로 발달한 것은 1392년 조선왕조가 세워지고 이성계의 한양 천도가 정해져 교통의 중심지, 문화의 집산지로 중요성이 인식되면서 이루어졌다.

남방 지방에 통치의 힘을 기울인 조선의 위정자들은 교통시설에 매우 유의하여 세곡 운송(稅穀運送)에 필요한 조운제(漕運制)를 마련하였다.

서울을 중심으로 상류에 좌수참(左水站), 하류에 우수참(右水站)을 설치하였다. 광나루에 좌수참을 두고 좌도수참전운별감(左道水站轉運別監)을 파견하여 강원도, 충청북도, 경기도 등지에서 서울로 운송하는 세곡을 관리·감독하게 했다.

한양에 많은 사람들이 모여 문화가 집산되면서 오가는 행인들도

빈번해져 태종 14년에 좌도수참전운별감으로 하여금 광진별감(廣津別監)을 겸하게 하였다.

조선 말기만해도 광나루는 배를 타고 다녔지만 일제강점기에 들면서 다리가 놓여졌다. 광나루다리는 1934년 8월에 착공하여 1936년 10월에 준공했다.

광진교는 한강대교와 함께 한강에서 가장 오래된 교량으로 길이 429.5m, 너비 9.4m의 2차선이었다. 미8군에 의해 1952년 스틸플레이트거더(철강구교형) 구조로 바뀌면서 길이도 608m로 늘어났다. 교통량 증가와 구조물의 노후, 홍수에 의한 재해 등으로 말미암아 여러 차례 보수를 하다가 1994년 보강 및 확장을 위해 철거되었다.

1997년 3월 18일 같은 자리에 새로운 교량 공사를 착공해 북단의 강변북로와 연결되는 일부 구간을 제외한 전 구간을 2003년 11월 24일 개통하였다. 새로 개통된 광진교는 길이가 1055m, 너비 20m의 4차선, 한강 교량으로는 처음 양쪽 각각 2m의 자전거 전용도로와 3개의 발코니형 돌출 전망대를 설치하였다.

강동대교에 이어 한강 상류에서 두 번째 위치하는 교량으로 천호대교의 교통량을 분산 처리해 강의 남북 교통을 원활하게 했다.

서울 25개 다리 중 유일하게 대교에 한해 광진교는 대(大)자 아닌 일반 교(橋)이며 유일하게 신호등이 설치되어 있다. 광진교는 걸을 수 있는 다리로 조성되었으며 건축학적으로 세계에서 단 3개밖에 존재하지 않는 교각 하부 전망대가 있다. 다리 중간을 건널 때는 인도에 설치된 신호등 버튼을 누르면 빨간불이 꺼지고 파란불이 들어와 맞은편으로 건너갈 수가 있다. 뿐만 아니라 다리 위에 가설된 전망 쉼터는 세계 3대 전망대로 손꼽을 정도로 특화(特化)된 시설이다. 자전거 전용도로 옆에는 각종 꽃길로 아름답게 단장했으며, 벤치·화장실 등의 편의 시설이 있고, 밤에는 꽃이 만발한 다리 야경을 즐길 수 있다.

광진교에는 리버뷰8번가가 만들어져 많은 관광객과 시민이 즐겨 찾는다.

한강의 아름다운 전경에 공연과 전시라는 소재로 다양한 문화콘텐츠를 개발, 제공하여 시민의 문화 감성을 촉진하고 편안한 휴식을 즐길 수 있는 시민 문화 공간이다.

광나루 다리 8번째에 설치했다하여 이름 지어진 '리버뷰8번가'는 약간의 움직임을 감지하면서 어지러움증의 스릴을 즐길 수 있다.

'리버뷰8번가'는 다리 아래로 내려가는데 나름대로 조형미도 있거니와 바로 아래 한강물이 출렁거려 색다른 느낌을 준다. 옆길로 돌아가면 바닥 아래가 유리로 되어 있어 한강물이 훤히 내려다보인다. 이곳은 드라마 〈아이리스〉 촬영장이어서 주요 인물들의 사진 전시, 포스터가 준비되어 있으며 사진도 찍을 수 있다.

25개의 한강 대교와 3개의 철교에 대한 영상 자료를 준비하여 돌아가면서 보여준다. 또한 옆으로 돌아가면 반대편에 작은 음악공연장이 나온다.

그랜드피아노와 의자 60여 개가 놓여 있어 저녁이면 음악공연이 펼쳐진다. 음악 공연장은 무료로 대관되며 미리 신청하면 공연도 하고 관람도 할 수 있다.

광나루에 놓여 있는 광진교는 이렇게 오랜 역사의 품에서 서울에 또 하나의 명물로 주목받고 있다.

나는 서울역사문화포럼 회원들의 유적 답사를 하면서 광나루의 발전된 모습과 변화를 함께 한 광진교를 설명해 주었다.

1960년 충주에서 상경(上京)할 때 낡고 좁은 광진교를 건널 때를 회상하면서 발전한 이곳 역사의 흔적을 찾아보았다.

〈서울 교육 삼락회지〉 2011년 40호

제7부 문학관을 돌아보고

아리랑문학관

나는 서울문화사학회 회원들과 매월 1회씩 전국의 유적을 답사한다.

녹음방초의 계절인 5월 마지막 주 금요일, 일행은 전북 김제시에 있는 조정래 작가의 '아리랑문학관'을 찾았다. 이 문학관은 조정래 소설 『아리랑』의 원고와 시각 자료를 모아놓은 문학전시관이다. 김제시 죽산면 죽산리에 소재하며 일제강점기 40여 년 세월과 전라북도 김제시를 비롯하여 전 세계에 흩어진 이산 과정 및 민족의 고난과 투쟁을 그린 자료의 보고라 할 수 있다.

『아리랑』은 누적 판매 부수 330만 부를 기록한 소설이며, 작가가 4년 8개월에 걸친 대장정 끝에 200자 원고지 2만 장에 총 12권으로 1995년 7월에 완성하였다. 문학관을 보면서 나는 김제가 일제강점기를 다루는 소설 배경으로 민족 독립을 위해 싸워나갔던, 그들의 삶을 배태(胚胎)한 땅이라는 생각이 들었다. 김제시 죽산면 일대를 홍보관, 근대수탈기관, 내촌외리마을, 이민자가옥, 하얼빈역사 등으로 나눠 그 일대가 아리랑마을로 조성됐다.

나는 홍보관을 돌아보면서 일본은 수탈 대상으로 왜 김제를 선택했는가?란 의문이 생겼다. 해설자가 김제는 넓은 평야를 가진 쌀의 생산지라고 설명했다.

임진왜란 때도 왜인들이 곡창지대를 찾기 위해 제일 먼저 이곳을 선택했다고 한다. 대하소설 『아리랑』은 1990년 12월 11일 한국일보 연재를 시작으로 1995년 8월 해방 50주년을 맞아 제12권을 출간했다. 1996년 연구서인 '아리랑연구'(조남구 외 11인)가 출간되어 같은 해 프랑스 아르마따 출판사와 『아리랑』 전 12권 완역 출판 계약이 체결되어 최초로 프랑스어로 출간되었다고 한다.

『아리랑』의 내용은 조정래 선생이 인터뷰를 통해 언급했 듯이 일제강점기를 다루는 소설의 배경으로 징게맹갱(김제만경)이 선택된 이유는 수탈당한 땅과 뿌리 뽑힌 민초들이 민족의 수난과 투쟁을 대변하는 소설의 중심축이기 때문이란다.

『아리랑』은 노동요, 망향가, 애정가, 만가(輓歌), 투쟁가 등으로 민족의 다양한 노래가 되었던 것처럼 소설 속 징게맹갱은 강탈당하는 조선의 얼과 몸의 또 다른 이름이 아닐까 싶다. 민족 독립을 위해 끝까지 싸워나갔던 무수한 민초들의 삶을 배태한 땅과 아리랑을 통해 또 하나의 주제를 가지게 되었다 한다. 이에 김제시 '아리랑문학관'은 이와 같은 역사 문화적 가치(價値)와 의의(意義)의 소장처이자 전달처로 지속적인 사업을 도모하고 있다고 한다.

'아리랑문학관'은 3개의 전시실로 구성되어 있다. 제1전시실은 소설 아리랑에 등장하는 인물들과 그들이 몸으로 살아야 했던 역사적 배경이 설명되어 있다. 제2와 3전시실은 작가의 취재수첩·필기구·작품 등 외적인 물품이 전시되었다. 작가의 집필활동과 관련된 전시물이 질적·양적으로 문학관을 압도하며 작품의 이해를 돕기 위한 역할을 톡톡히 한다. 제2전시실과 제3전시실은 관람객들이 관심을 갖고 오래 관람하는 이유가 설명된다. 작품이 구체적이고 정밀한 소설적 묘사를 위해 작가가 직접 스케치한 우리 땅과 사람들, 소설의 첫 문장부터 마지막 마침표를 찍을 때까지 작가 혼의 유일한 출구가 되어 주었던 낡은 세라믹 펜과 닳은 펜촉을 보면 누구라도 입이 저절로 벌어질 정도로 감탄하지 않을 수 없다. 18,000매에 이르는 원고 더미도 문학관을 찾는 사람들에게 발길을 멈춰 세우기에 충분하다. 또한 집필 당시 사용했던 필기구 106종 370여 가지 물품이 함께 전시되어 이러한 작가의 열정과 공력에 감탄하지 않을 수가 없다.

나는 홍보관을 나와 하얼빈 역사가 그려진 건물로 가면서 조국의 독립을 위해 끝없는 항쟁을 한 안중근을 생각해 본다. 1909년 10월 26일 하얼빈역에서 이토오 히로부미를 저격 사살한 미니 현장으로 갔다. 이곳을 가면서 일제강점기 민중의 생활을 개선하기 위한 시설이라는 미명하에 민초들을 착취하고 탄압했던 주재소, 면사무소 등 근대 기관을 꾸민 건물을 보며 일본 식민생활 36년을 생각해 보았다. 또 한 쪽에는 소설 『아리랑』의 발원지, 우리 선조들의 수탈과 고난의 삶을 그린 주인공들의 생활터전을 통하여 느껴보는 마을, 내촌

외리 마을과 이민자 가옥을 보았다.

일제 만행의 현장을 보니 분노가 치밀며 약소국가의 쓰라림이 조상의 한으로 남겨졌음을 이해할 수 있었다.

하얼빈 역사관은 1910년경 실존 건물을 토대로 60% 축소하여 복원했다. 독립운동의 대표적 상징이며 안중근 의사의 의거 장소로 알려진 역사 건물이 실존 건물과 똑같이 지어졌다. 역사관 안에는 조국을 위해 순국한 사람, 애국지사들의 사진이 전시되어 있다. 한참을 보다보니 이승만 대통령의 사진이 보이지 않는다. 임시정부 요원과 독립운동 표면 어디에도 보이지 않아 실망하지 않을 수가 없다. 밖으로 나가니 철로가 있고 기차가 보이며 이등박문이 기차에 내려 걷는 장면과 안중근 의사가 정면에서 총을 쏘는 장면이 조각되어 있다. 해설사 말로는 이등박문이 신변을 보호하는 몇 사람과 함께 기차에 내려 걸을 때 누가 이등박문인지 몰라 안중근이 이토오 히로부미! 하며 소리를 질렀다 한다. 제일 먼저 쳐다보는 사람이 이토오 히로부미구나 하며 쏘아 죽였다고 한다. 그래도 확인을 하기위해 나머지 두 사람도 같이 쏘아 사살하였다고 한다.

나는 이곳을 답사하면서 『아리랑』 소설을 쓴 작품 세계에서 내용이 충분한데 막대한 투자를 하여 '하얼빈역사관'을 지어야 하는지 의문을 가져본다. 지방자치제로 국비 또는 지방비의 엄청난 투자를 들여 지은 문학관을 보면서 각 부처(部處)마다 그 분야에서 일가견을 지닌 분들이 올바른 정신으로 행정을 맡아야 하지 않을까싶은 감회에 젖는다. 곳곳에 여러 문학관이 있다. 실지 내용은 빈약한 감을 주는데 수십억 원을 들여 방대한 문학관을 건립하여 관광에 목적을 두다보니 작가의 문학 정신이 훼손(毁損)되지 않았나 하는 의문을 가져본다.

아리랑의 무대였던 김제 만경의 상징성을 부여받아 세워진 '아리랑문학관'은 역사적 가치를 보전하고 후손에게 전달하는데 큰 뜻이 있다고 본다. 문학관을 답사하면서 조정래의 12권 소설 『아리랑』을 꼭 읽어봐야겠다고 생각하면서 3·1절과 광복절을 떠올려본다. 나는 '아리랑문학관'을 나오면서 일제의 만행에 다시 한 번 울분을 느끼면서 우리도 힘을 키워 방어에서 공격 자세로 국력을 튼튼히 하여 애국적 국민성을 지니는데 노력해야 된다고 생각해 본다.

〈수필춘추〉 2016년 가을호

박경리문학관

광나루문학 회원 20여 명이 원주로 문학기행을 했다.

매년 가을이면 문학기행을 11월 초에 하던 행사를 금년은 광나루문학이 탄생한 지 10년이 되는 해라 기행을 일찍 잡았다. 11월 초에 10주년 출판행사가 계획되어 있어 준비관계로 조금 빨리 10월 17일 기행을 했다.

나는 회장으로 원주 기행을 박경리공원, 박경리문학관, 원주감영, 원주역사박물관, 구룡사 순으로 답사계획을 잡았다. 원주기행에 우선순위로 정한 것은 박경리문학관을 찾아보고 박경리문학 작품과 정신을 알기 위해서다.

박경리공원을 찾아가니 얕은 산 중턱에 건물 한 채가 보인다. 정문에 문학공원 간판이 보이며 입구에 들어서니 안내좌석은 있으나 사람은 보이지 않는다.

이곳은 문학인들의 공부와 연수활동을 돕고자 연수실을 만들어 숙식도 하고 박경리 문학정신을 이어받아 공부하는 수련장이다. 우리 일행은 잠시 둘러보고 바로 박경리문학관으로 갔다.

원주 시내에 자리 잡은 문학관 입구에 들어서니 해설사 목익상 씨가 나와 우리 일행을 반갑게 맞아주었다. 나는 그분과 사전 약속을 하고 문학관 앞에서 우리 일행과 해설사와 인사를 나누고 답사가 시작되었다.

박경리 선생이 살던 집은 도시개발로 아파트가 들어서고 새로운 터에 문학관을 세웠다고 한다. 우리 일행은 2층으로 올라가 박경리의 작품과 그분의 행적 자료를 둘러보고 3층으로 갔다. 벽에는 초상화가 걸려있고 실내에는 토지작품을 연도별로 정리해 놓았다. 안내자의 순서에 따라 작품에 대한 설명을 듣고 문학관을 나와 박경리 선생이 생활하던 사저로 갔다. 그분의 서재와 살림하던 주방 『토지』 원고를 산실한 방을 보았다. 방 한가운데 집필하던 책상과 원고를 쓰기위한 필기도구가 가지런히 정돈되어 있다. 검소하고 정결한 생활 모습을 보고 조용한 분위기와 깨끗이 정돈되어 있는 작가의 집필하던 모습을 상상해 보았다.

박경리는 1950년 일찍이 남편을 여위고 딸 김영주와 함께 서울 정릉에서 살았다고 한다. 1973년 딸이 김지하 시인과 결혼하여 원주에다 생활터전을 마련하면서 1980년 딸이 사는 원주로 옮겼다고 한다.

박경리는 1926년 10월 28일 통영에서 태어나 25년 동안 집필했던 대하소설 『토지』를 읽지 않는 사람은 많으나 그의 존재나 토지를 모르는 사람은 없다고 본다. 해설사의 설명이 박경리의 이름은 김동리 선생이 지어준 이름이라고 한다. 원래 이름은 '박금'이고 문학작품의 대표작은 『토지』이고, 그외 『김약국의 딸』 등이 있다.

나는 토지는 읽지 못했으나 드라마는 보았다. 경남 하동의 평사리를 무대로 하여 5대째 대지주로 군림하고 있는 최참판댁과 소작인들의 이야기다. 독립운동 개항과 일본세력 강화, 갑오개혁 등이 토지 전체의 구체적인 이야기로 옮겨지는 내용이다.

토지의 주인공 조준구의 계략으로 최참판댁은 몰락하고 최씨 집안의 유일한 생존자 최하수의 딸 서희는 소작인 길상과 결혼하여 길상을 중심으로 독립운동가들의 대립이 펼쳐진다. 나는 『토지』 드라마를 보면서 서희역으로 탤런트 안영홍이 어린이 역으로 깜찍하게 연기하는 모습이 지금도 생생하게 떠오른다.

진주에서 자리 잡은 서희는 공노인의 도움으로 평사리 집과 땅을 되찾고 일본의 패망 소식을 듣는 사필귀정의 글로 끝을 맺는다.

동학농민운동, 갑오개혁, 한일병탄, 그리고 일제강점기에 조선말기의 생활모습과 해방에 이르기까지 근대사 속에 민중들의 삶을 통해 우리 민족의 역경과 고난을 딛고 승리를 일구어내는 강인한 생명력 등의 내용이 우리 조상들의 혼과 얼이 아닌가 생각해 본다.

박경리는 1945년 결혼하여 1950년 남편이 좌익에 연류되어 투옥 중 사망하고 몇 년 후 아들까지 홍역으로 사망하였다. 불운(不運) 속에 큰 시련을 겪으면서 문학의 길로 들어서지 않았나 하는 생각이 든다. 그 어려움 속에 대작인 『토지』를 출간했으니 한국문단에 큰 별이 아닐 수가 없다.

박경리 선생은 통영·하동·원주 등 세 군데에 인연을 갖고 있으며, 그곳에 문학관이 있다. 통영은 박경리 선생이 태어나 2008년 죽음의 뼈를 묻은 고향이며 영원히 잠든 곳이다. 하동은 대하소설 『토지』를 탄생시킨 곳이다. 토지의 무대를 찾던 중 만석꾼의 장소는 전라도 땅에나 있고, 경상도 땅에는 그만큼 광활한 토지를 찾기 어려웠으나 하동인 평사리에 토지의 무대를 잡았다고 한다.

조정래의 『아리랑』 소설 무대로 넓은 김제평야를 택한 것과 같이 박경리는 하동의 넓은 평사리를 잡은 데는 진주에서 성장하면서 진주여고 시절 친구와 한양 조씨 고택에 놀러갔다가 이곳 평사리 들판을 눈여겨 보고 토지의 무대를 잡았다고 한다.

원주는 생활의 흔적을 남긴 노년의 문학 산실이라고 본다. 이곳에서 딸과 사위와 같이 손자 손녀를 보면서 원주에서 토지를 완성했으니 박경리 선생으로서는 문학의 고향이라고 본다. 우리 일행은 해설사의 설명을 들으며 박경리 선생의 일생과 문학정신, 삶의 고뇌를 생각하며 박경리 동상 앞에서 기념사진을 찍고 다음 장소인 원주감영으로 갔다.

나는 25년의 장고 끝에 완성한 대하소설 『토지』를 한 번 꼭 읽어봐야 되겠다고 생각하면서 서울로 돌아오는 길에 박경리 선생의 인생관을 추념(追念)해 본다.

그분의 문학정신이 우리에게 주는 감흥(感興)은 크고도 넓으며 글을 쓰는 우리에게 깊은 감명을 받게 한다.

호반의 도시 춘천 기행

'동대문문학회' 회원들이 5월 25일 춘천 문학기행을 떠났다.

청보리가 익어가는 녹음 계절에, 예년 같으면 따뜻한 봄의 향내가 그윽했건만 올해는 여름이 유난히 일찍 찾아온 듯 30도를 오르내리는 무더위다.

춘천은 흔히 '낭만·호반·청춘의 도시'라고도 한다. 나는 안내를 맡아 김유정문학관·도립 화목원·에티오피아 참전기념관·박사마을·삼절공묘 순서로 춘천의 명소를 찾았다. 한 시간 걸쳐 춘천 '김유정문학관'을 찾았다. 문학관은 춘천시 신동면 신례마을에 자리 잡은 '김유정문학촌'에 있다. 김유정의 고향이자 작품의 배경이 된 실레마을 전체가 문학의 산실이라고 볼 수 있다. 이곳을 세 군데로 분류해 '문학촌' '문학관' '금병의숙'으로 나눠 김유정 문학을 말할 수 있다. 문학관에는 김유정의 작품 세계와 성장부터 죽음에 이르기까지 연보를 전시했다. 1908년에 태어나 1937년 29살의 젊은 나이로 죽음을 맞아 4~5년 동안 30여 편의 작품을 남겼다.

『산골나그네』 『봄봄』 『동백꽃』 『땡별』 등 대표작품은 고향을 배경으로 지어졌다. 그러나 친구 안회남이 작품을 갖고 월북하여 실지

원본은 없다고 한다.

'김유정문학관'은 2002년 김유정 사업회가 발족해 작가의 생가 복원, 전시관, 문인비, 산책로를 조성했다. 또한 문학의 밤, 추모제 개최, 문학 세미나, 작가의 문학적 업적 등 문학촌을 운영하며 춘천의 대표적 관광과 명소로 자리 잡고 있다.

문학촌에 전시된 작품 세계를 보면 『산골나그네』라는 표지석에는 동백꽃 길과 산자락이 그려져 있으며 주인공 김봉필 영감이 살았던 마름집이 있다. 점래와 성례를 안 시켜주고 일만 부려먹는다고 불만을 느껴 장인 영감과 싸우는 모습을 그려진 작품이 설명을 대신한다.

나는 잠시 문학촌을 돌아보면서 우리 고향 시골풍경을 생각하고 어릴 적 문학인이 되겠다고 꿈 꿨던 세계를 그려보았다.

김유정이 세운 간이 학교 '금병의숙'은 야학을 하며 생활했던 곳으로 느티나무가 자라고 표지석만 그 옛날을 말해 준다. 김유정은 팔남매 중 일곱 번째로 실내마을에서 태어나 서울에서 생활하다가 23살에 귀향해 작품활동을 했다. 그는 가난하게 살면서 4~5년 동안 많은 작품을 남긴 '김유정 문학'의 대표격인 〈춘천문학〉, 더 나아가 〈한국문학〉에 큰 발자취를 남기고 갔다.

나는 '김유정 문학관'을 나와 11시쯤 '에티오피아 참전 기념관'을 찾았다. 이곳은 기념탑·기념관·에티오피아 찻집·공지천 등 볼거리가 다양하다. 기념관을 들어서니 1·2층으로 나눠 1층은 전시실이라 에티오피아 군인이 한국전쟁에 참전하게 된 배경과 전투 상황을 전시했다. 2층은 교류전시실 풍물전시실로 나눠 그 나라의 전통·역사·문화·종교·생활모습 등을 전시했다. 에티오피아는 아프리카에 있는 나라 중 유일하게 1950년 6·25한국전쟁 때 참전한 나라로 6천여 명의 보병을 보냈다. 화평·양구·가평 등에서 싸웠으며 전사자 121명, 부상 415명, 인명 피해는 657명이라고 한다. 이곳에 기념관을 세운 데는 다음과 같은 이야기가 있다.

에티오피아 군인이 한국전쟁에 참전하여 많은 인원이 전사했기에 정부에서 기념탑을 세우려고 에티오피아 황제를 초청했다. 기념탑을 건립하면서 황제가 기념관을 세웠으면 좋겠다고 하여 한 지인이 그 뜻을 알고 참여했다 한다. 에티오피아 참전용사들의 명예 선양과 전후 세대들의 자유와 평화의 소중함을 알리고 한국과 에티오피아의 튼튼한 국교를 확립하고자 개인이 건립했다. 지금은 주인공의 딸인 김현숙 씨가 그 옆에 에티오피아 찻집을 운영하는데 그 나라 난민을 위해 지금도 찻집의 수익금을 성금으로 보낸다고 한다. 이곳은 공원과 공지천이 있어 야경이 그리 좋을 수가 없다고 한다. 영상실에서 6·25 참전 전쟁과 에티오피아 군인 활동 상황을 10여 분 동안 보면서 그 나라 국민에게 고마움을 느낀다. 국교 정상화를 위해 박근혜 대통령이 에티오피아를 순방했다. 그 나라 대통령과 정상회담을 보면서 에티오피아와 유대를 공고히 함에 힘찬 박수를 보내고 싶다. 공원 안에 있는 기념탑에서 기념사진을 찍고 일행은 화목원으로 갔다.

춘천 도립수목원은 24,326평의 넓은 대지 위에 49,413본의 식물이 있다고 한다. 입구에 들어서니 해설사가 나와 우리 일행을 반갑게 맞아주었다. 식물원에는 난대, 관엽, 다육식물원이 있다. 식물원의 생태, 특징, 자생력 등 식물도감에 대한 설명을 들었다. 소원을 들어준다는 100년이 넘는 버즘나무 밑에서 마지막 해설을 들었다. 온실 속 난대, 관엽, 다육, 반비 식물원을 들러보고 산림박물관으로 갔다. 네 개의 전시실로 꾸며 숲의 체험, 자연과 산림, 산림의 이용, 산림의 생활 등 전시관을 돌아보고 체험 공간에서 체험도 해보았다. 화목원을 찾으며 식물과 꽃이 우리에게 주는 혜택이 많다는 느낌을 받았다.

'박사마을'은 4천여 명이 사는 작은 마을로 현재까지 157명의 박사가 나왔다고 한다. 우리 일행이 도착할 때는 최선화 박사마을 관리위원장이 나와 안내해 주었다.

이곳에는 박사마을 선양탑, 박사학위 취득 현황, 선양탑 관리기금, 협찬한 이름이 새긴 부조가 있다. 최선화 씨 말에 의하면 춘천 시내 서면 박사마을은 춘천에서 아침 햇살이 제일 먼저 받는 곳이라고 한다. 예전에는 눈앞에 춘천 시내가 펼쳐져 있지만 북한강 소양강이 가로 막아 교통이 불편해 자라나는 아이들을 더 넓은 세상으로 보내기 위해 어느 곳보다 교육열이 높았다고 한다. 이곳은 젊은 부부가 찾아 다음 세대 박사를 얻기 위해 하룻밤을 유숙하고 간다고 하니 신혼부부들에게 선망의 대상이 된 마을이다.

해는 서산으로 기울고 우리는 마지막 코스로 신승겸 묘역을 둘러보았다. 고려를 세운 왕건이 915년 후백제 견훤과 팔공산 자락에서 싸움이 한창일 때 전세가 불리해 죽음 직전에 이르자 신승겸이 왕건의 옷을 입고 대신 죽음을 맞았다. 전장에서 왕에게 충성을 보여 신승겸의 충절을 높이 추앙하여 시신의 머리를 황금으로 만들어 묻었다고 한다. 왕건이 훗날 도굴을 염려해 삼묘(三墓)를 만들었다고 한다. 삼절공묘는 춘천에서 제일가는 명당이라 신승겸 묘를 찾는 사람들은 이 산의 정기를 받아 장수한다 하여 많은 사람들이 찾는다고 한다. 왕건은 신승겸 같은 충신을 두었기에 500년의 고려가 존재했다고 본다. 난세일수록 훌륭한 충신이 나와 나라를 보전하는 역사는 현실을 살아가는 우리에게 귀감이 된다고 본다.

나는 춘천 기행을 하면서 환상과 낭만이 어우러지고 소양강이 춘천 시내를 가로지르는 호반의 도시, 봄이 오는 강 춘천(春川), 아름다운 춘천에서 김유정문학관, 에티오피아 참전 기념관, 온갖 꽃이 만발한 수목원, 인걸이 나는 박사마을, 충신이 묻혀 있는 삼절공묘를 돌아보며 많은 것을 배우고 느꼈다. 비록 작은 도시, 춘천이지만 아름다운 문화의 도시로 크게 발전하리라 추념해 본다.

서울로 돌아오면서 동대문문학 회원들과 춘천을 노래하고 춘천을 그려보는 마음을 함께 공유하고 싶은 생각이 들어 아름다웠던 하루의 일정에 기쁨이 충만했다.

〈동대문 문학〉 2015년 제16호

만해(萬海) 기념관과 생가

2015년 6월 2일 동대문문학 회원들이 '한용운 기념관'과 생가가 있는 홍성으로 문학기행을 했다.

일행은 아침 일찍 관광버스를 타고 서해안 고속도로를 달려갔다. 나는 김주안 사무국장의 부탁을 받아 차 안에서 홍성의 인물 만해(한용운)와 백야(김좌진) 장군에 대해 역사적인 이야기를 들려주었다.

홍성 I·C를 벗어나 홍성군 결성면 성곡리에 있는 기념관과 생가를 찾을 때는 오전 11시 20분이었다. 저울산 낮은 능선이 부드럽게 흘러내린 골짜기, 박철마을 서향으로 널찍한 자리에 생가와 사당인 만해사(萬海祠)가 있다. 삭정이 울타리로 둘러쳐진 생가 건물은 단출한 일(一)자 형태의 4칸 초가집이다. 비좁은 안마당에는 배롱나무가 있고, 뒤뜰 우물에는 목련나무가 보인다. 왼쪽에는 감나무와 대나무 숲이 뒤란으로 이어지고 그 옆 생가 유지비(遺址碑)엔 세월의 때가 묻어 있다. 뒤에는 울창한 송림이 만해의 고고한 지절(志節)만큼이나 푸르다.

한용운은 1879년 이곳에서 부친 한응준과 모친 온양 방씨의 둘째 아들로 태어났다. 어려서부터 신동으로 불리고 6세에 한학을 공부했으며 9세에 통감(通鑑)을 독파하고 서경(書經)까지 능통한 실력을 쌓았다고 한다.

그 무렵 개화파의 갑신정변이 3일 천하로 끝나면서 그는 아버지에게 세상 돌아가는 형편과 역사인물에 대해 들으며 시대정신과 역사의식에 눈을 떴다. 15세에 동학농민혁명이 일어나 의거에 가담하였으나 실패로 끝나면서 출가를 결심하고 고향을 떠나 백담사에 들어갔다

만해는 세 가지 닉네임을 가지고 있다. 독립운동가, 승려, 시인이다.

만해는 독립운동가로 1919년 최린과 함께 독립운동에 적극 활동하였고, 최남선이 쓴 '독립선언서'에 공약 석 장을 추가하여 '3·1운동' 당시 종로구 명월관에서 직접 낭송하였다. 옥중에서 3년형을 선고받고 스스로 투쟁 3원칙을 세워 철저하게 실행하였다.

내 나라를 찾는 떳떳한 일을 했으니 변호사를 대지 말 것과 자신만 호의호식할 수 없다하여 사식을 금했고, 부끄러운 일을 하지 않았으니 보석을 요구하지 말라는 것이다. 독립만세를 불렀던 많은 사람들이 각서를 쓰거나 병보석을 빌미로 출옥했던 것과는 너무나 대조적인 강인한 신념을 보여준다. 또한 만해는 불교인으로 우리나라 불교를 중흥시킨 분이다.

대청봉에서 내린 물이 100개의 소(沼)를 이루었다하여 이름 붙인 백담사(百潭寺)는 설악의 정경을 병풍으로 둘러치고 천년을 고스란

히 지켜온 고찰이다. 만해는 이곳에서 25세(1904년)되던 해 불문에 귀의하였다. 득도할 때는 '봉완'이란 계명을 썼으며 득도를 마친 후 법명은 용운(龍雲), 법호는 만해(卍海, 萬海)를 얻어 승려생활을 하였다. 1911년 조선불교를 일본불교로 예속시키려는 것을 적극 반대하였으며 불교서적을 많이 발간하였다.

백담사 경내에 들어서면 우측으로 ㄱ자의 전통한옥을 만나게 된다. 이 건물이 1997년 만해의 열반 47주년을 맞아 개관한 '만해기념관'이다.

기념관에는 불교개혁의 기치를 들었던 조선불교 유신론과 불교 대전의 원전이 소장되어 만해 불교정신의 산실임을 입증해 주고 있다.

이 분은 민족 시인으로 우리 문학계에 빛을 발한 분이다. 생전의 유묵과 그에 대한 석·박사 학위 연구 논문들이 정리되어 있다. 특히 『님의 침묵』 초간본과 백여 종의 판본이 함께 전시되어 문학의 총본산 역할을 하고 있다. 『님의 침묵』은 1926년 발표한 한용운의 대표적 시다.

님의 존재에 대해 선문답적인 화두와 은유법을 통해 종교적 명상의 심화를 성취함으로 시적 성공을 거둔 시다. 우리 문학의 전통을 한 단계 발전시킨 작품으로 1920년대 우리 시단에서 소박한 낭만주의와 퇴폐주의, 목적주의를 극복하고 형이상학의 깊이를 획득했다는 평을 받고 있다.

백담사와 오세암을 오가며 깨침으로 얻은 소리를 나라와 겨레에 대한 사랑으로 노래한 것이 바로 『님의 침묵』 88편 작품이다. 1925년 탈고하여 이듬해 출간을 보았으니 백담사에는 만해문학의 요람으로 한국 문학사의 중요한 사적지로 자리 잡고 있다.

만해는 세 군데 인연을 가지고 있다. 유년시절 정의와 인도의 정신을 깨우쳐 주고 그가 가야할 방향을 결정지어 준 육신의 고향 홍성군 성곡리요, 득도를 하여 불교를 부흥시킨 불신의 고향 백담사는 『님의 침묵』을 탄생시킨 문학의 고향이다.

한용운이 입적한 곳이 심우장(尋牛莊)이다. '3·1운동'으로 3년 옥고를 치루고 빈한한 생활을 하고 있을 때 벽산스님의 도움으로 1933년에 지은 만해의 사저다. 심우는 무상대도의 진리를 깨친다는 의미로 만해 수행과 구도의 자세를 엿볼 수 있다. 동소문 네거리에서 성북동으로 들어서서 삼청동으로 통하는 길을 가다보면 북장동 골짜기 200여 미터 왼쪽으로 심우장 안내판이 나타나고 성북동 222번지에 있다. 낡은 구옥들이 오밀조밀 몰려있어 옹색한 동네다. 총독부를 바라보기가 싫어 등을 돌려 북향으로 집을 지었다 한다.

민족지도자, 불교사상가, 민족시인으로 호칭되는 만해는 독립된 조국에서 뜻을 이루지 못하고 민족적 양심을 지키다가 영양실조로 1944년 6월 29일 66세를 일기로 심우장에서 입적했다.

'님은 갔습니다. 아 아! 사랑하는 나의 님은 갔습니다. 푸른 산 빛을 깨치고 단풍나무 숲을 향하여 난 작은 길을 걸어서 차마 떨치고 갔습니다.…'

기행을 마치고 돌아오는 버스 안에서 정신재 회원(문학평론가, 시인)이 '님의 침묵' 시를 낭송하였다.

만해 가신 지 60년, 우리 민족의 영원한 님, 이 땅에 역사의 등불이 되고 그의 혼과 목소리는 시(詩)가 되어 많은 이들의 입에서 불리어지고 있다.

〈동대문 문학〉 2015년

제8부 학교 근무일지

한글날을 생각해본다

금년(2014) 10월 9일은 한글 반포 568돌을 맞는 한글날이다.

해마다 한글날이 돌아오면 나는 태극기를 내걸고 교직 때의 기념식을 생각하며 남다른 감회에 젖는다. '가갸날'이라는 이름으로 탄생했던 한글날, 올해 한글 주간을 맞아 다채로운 행사가 열리리라 본다. 2012년에는 10월 5일부터 11일까지 7일 간을 한글 주간으로 정하고 '한글 함께 누리다'라는 주제로 경축식과 함께 각종 문화 예술 행사를 개최했다.

한글은 우리 민족의 정체성을 이루는 중요한 문화유산이다. 일제 강점기에 민족의 얼과 혼을 지키는 역할을 해온 한글에 나는 많은 관심과 애정을 갖고 있다.

한글학회가 국사편찬위원회에 의뢰하여 나의 주소를 알아 한글과 관련된 자료를 기증해 달라는 부탁을 받고, 나는 「한글갈」 「우리말본」 「글자의 혁명」 등 한글에 대한 도서 열 권을 기증했다. 또한 한글학회와 문화체육관광부가 관심을 갖고 자료를 소지하고 있는 분들을 소개해 달라는 요청으로 '고서연구회'와 국어학자들의 명단을 보내주었다.

문화체육관광부는 한글 주간의 대표행사로 '한글누리어울림마당' 행사와 '톡톡 한글 누림 세상'이 있었다. '한글누리어울림마당'은 행사 기간 중에 세종문화회관 야외무대 및 광화문 광장 주변에 한글을 주제로 펼쳐지는 놀이마당이다. 한글을 소재로 한 무용극·패션쇼·음악회 등이다. '톡톡 한글, 누림 세상'은 한글 주제로 경복궁 수정전(修政殿) 야외마당에서 음악회와 수정전에서 한글에 대한 자료 전시회가 열렸다.

나는 문화체육관광부의 초청으로 이곳 행사에 참석했다. 내빈석에는 문화체육관광부장관과 교육과학기술부장관, 국어학자들, 또 외국인 세종학당들이 참석한 가운데 다채로운 행사가 열렸다.

KBS방송국 주관으로 음악 행사는 9명의 음악대학 성악가 교수들이 「동심초」 「가고파」 등 많은 가곡을 불러 참석자들의 갈채를 받았다. 음악회가 끝나고 2부엔 수정전에 전시된 한글 자료를 관람했다. 한글의 확산 과정과 한글의 우수성을 조망할 전시는 4가지 소주제로 구성됐다. '한글이 오다'라는 주제 아래 「훈민정음해례본」 「언해본」 목판 인쇄물과 「월인천강지곡」 「오륜행실도」 등의 금속활자와 '세조와 정조의 어필' 등 과거의 손 글씨를 볼 수 있는 자료들이 전시됐다. 경복궁을 여러 번 답사했지만 수정전의 내부를 보기는 이번이 처음이다.

수정전은 세종대왕이 성삼문, 박팽년 등 집현전 학자들이 한글 창제에 몰두한 곳이다. 세종의 둘째아들 수양대군이 계유정난을 일으킨 후 집현전 학자들이 단종 복위를 계획하다가 참살당한 후 집현전을 폐하고 수정전으로 고쳐 지금에 이르렀다.

2012년은 국립박물관 안에 한글박람회 설립 준공 이후 566돌을 맞는 최대의 행사로 120여 개 행사와 해외 세종학당들의 이벤트로 큰 행사였다.

세종학당은 한국어를 교육하는 대표적인 인터넷 사이트다. 2009년 처음 시작하여 한국·영어·중국·러시아·베트남·몽골·타이·인도네시아어 등 8개 국어로 운영되고 있다. 해외에서 한국어를 배우고 싶다면 '세종학당'에 접속하면 된다.

몇 년 전 인기리에 방영된 드라마 '뿌리 깊은 나무'에 한글을 널리 알리기 위해 문화체육관광부가 홍보대사로 탤런트 장혁과 신세경을 나란히 출연시켜 한글 창제과정과 한글의 소중함을 국민에게 알리는 데 큰 역할을 했다. TV대담에서 두 사람은 '뿌리 깊은 나무가' 시청자들에게 사랑을 받으면서 한글 창제과정에서 관심이 높아졌다면서 홍보대사 역할을 열심히 해보고 싶다고 말했다.

나는 한글박물관 개관에 깊은 관심을 갖고 있다. 한글 가치 확산의 전초기지가 될 한글박물관이 금년(2014)에 완공돼 개관한다니 큰 기대를 걸어본다. 세계인들이 너도나도 K팝을 따라 부르면서 한국어 그리고 한글에 대한 관심도가 높아지는 현상이다. 한글박물관 건립은 한글에 대한 국내외 관심을 집중시키고, 새로운 미래 가치로서의 한글을 확산시켜 한글 생활화와 세계화, 시민들을 위한 복합문화

공간으로 꾸민다는 계획이다.

나는 2011년 7월 착공식 때 초청장을 받았으나 입원해 있어 참석을 못했지만 개관식 때는 꼭 참석하려고 한다. 내가 기증한 자료가 많은 사람들이 볼 수 있다는데에 대한 감사의 마음이 생긴다. 기증자의 코너를 만들어 관람객들에게 보여주겠다니 흐뭇하고 자부심마저 생긴다.

우리나라의 많은 유산 중에 가장 자랑스러운 것을 꼽는다면 우리말과 우리글이 아닌가싶다. 이 지구상에서 독특한 고유언어와 문자를 가지고 사용하는 민족은 소수에 불과하다. 수많은 민족 중에 한글이라는 문자를 갖고 있다는 사실은 우리 민족의 자부심이요 긍지다. 세종께서 백성들이 한자가 어려워 배우기 쉽고 쓰기 쉬운 훈민정음을 만들어 소리나는 대로 적을 수 있는 한글을 창제하셨다.

한글은 과학적이고 체계적이며 음운을 다양하게 기록할 수 있는 훌륭한 문자다.

일본의 50도 음도와 영어의 26자에 비해 한글은 24자로 대·소문자 구분 없이 간편하게 사용하니, 한글의 우수성과 실용 효과를 높이 평가할 만하다.

대한민국 정부가 수립된 후 1949년 우리는 한글날을 공휴일로 정하고 기념해 왔다. 그러나 1990년 공휴일이 너무 많다는 이유로 공휴일에서 제외했다. 그후 대다수 국민과 뜻있는 정치인들의 노력으로 2005년 국경일로 승격되기는 했으나 법정 공휴일로 지정되지 못했다. 우리가 그토록 자랑스러워 하는 한글날이 언제인지 모르는 국민의 수가 점차 늘고 있다. 문화체육관광부가 올해 실시한 여론조사에 국민의 대다수 83.6%가 한글날, 공휴일 지정을 찬성한다. 그래서 다시 법정공휴일로 지정되었다.

세계적으로 한국어 학습자의 수가 폭발적으로 증가하고, 한글의 가치와 중요성에 대한 관심이 높아지고 있다. 이런 현시점에 공휴일로 지정됐으니 한글의 위상을 세계적으로 드높이고 나아가 국격(國格)을 제고(提高)한다는 점에서 깊은 생각을 해보면 좋겠다. 그리하여 우리글을 더욱더 유용하게 발전시켜 한글을 아끼고 사랑하며, 세계의 언어가 되어 자손만대 길이길이 전승되기를 기대해본다.

〈한국수필〉 2014년 10월호

젊은 날의 추억

사범학교를 졸업하고 처음으로 부모 곁을 떠나 나그네 생활이 시작되었다. 1958년 4월 첫 발령지인 단양군 영춘초등학교를 찾아가기 위해 버스를 탔다.

새싹이 돋고 삼라만상이 기지개를 펴는 4월, 남한강 물은 잔잔하게 흘러가고 나목은 겨울을 벗어나 하늘을 향해 솟구칠 때 활짝 핀 붉은 진달래만 유난히 돋보였다는 생각이 든다. 자연의 아름다운 봄의 경치를 뒤로 하고 처음 찾아간 곳이 심심산천 두메산골이었다. 그 옛날 기억은 희미하지만 하숙생활의 추억만은 뚜렷하게 떠오른다. 이곳 영춘은 단양에서 교통수단이 좋지 않아 버스도 없고 산판차(나무 싣고 다니는 차)를 타고 70리 길을 3시간 만에 도착했다.

이곳은 면소재지이기는 하지만 3면이 강이요, 주위는 깊은 산으로 둘러싸여 무성한 나무숲에 하늘만 빠끔하게 뚫린 산촌이다. 허공에서 들리는 새소리와 유유히 흘러가는 강물 소리만 유난히 나의 어린 시절 추억을 더듬어 보게 하였다.

시골마을에 하숙을 치를만한 집이 없었다. 가난한 집에서는 선생님의 반찬이 문제이고, 여유 있는 집에서는 신경이 쓰여 하숙을 하지 않으려 했기 때문이다. 맨 처음 정착한 여인숙은 오래 머물 곳이 못되고, 하숙을 구할 때까지 잠시 머무는 임시 숙소에 불과했다.

며칠 있다 구한 곳이 노인 한 분이 손자를 데리고 사는 집이었다. 아들은 외지에서 직장생활을 하고 단 둘이 사는 노인은 나를 반겨주면서 어렵지만 같이 생활하자고 했다. 그러나 5개월을 보낸 후 반찬도 문제이고 힘이 들어 하숙을 치를 수가 없다고 한다.

다시 옮긴 곳은 젊은 과부가 아들 하나를 데리고 농사짓는 집이었다. 그분은 나에게 무척 신경을 써주었다. 내가 식사를 못 하면 반찬이 없어, 또는 맛이 없어 남기나싶어 여간 미안해 하지 않았다. 나 또한 부담되어 밥맛이 없어도 억지로 다 먹어야 했다.

나는 그때 중등교사 자격 고시 공부를 하던 때라 출근하면 아이들과 생활하고 퇴근 후엔 책 보는 것이 나의 일과였다. 밤에 촛불을 벗삼아 공부하다 보면 아주머니가 먹을 것을 들고 내 방에 늦게 들어와서 한참 수다를 떨다가 나가곤 했다.

몇 개월 후 옮긴 곳이 학교에 근무하는 청부(소사)인 집이다. 저녁이면 수많은 쥐들이 천정에서 탱고라도 추는지 시끄러웠다. 달리기를 하다가 짝짓기를 하는지 찍찍 소리를 내다가 또 달음질을 친다. 그러다가 구멍난 천정에서 방바닥으로 떨어져 방 안과 이불 위로 달아난다. 그런 광경에 나는 기겁을 해서 이곳도 오래 머물 수 없었다. 정말 하숙생활이 힘들고 어려웠으나 시골 인심이 좋아서 먹을 것이나 특별한 게 있으면 선생님이 우선이었다. 생일·잔치·경사가 있을 때는 제일 먼저 초대를 받았다. 우여곡절도 많았지만 시골사람의 포근한 인정에 하숙의 어려움을 싹 씻어버리고, 몇 년 후 떠날 때 나는 눈물로 작별했다. 시골로 들어갈 때는 숨이 막힐 듯 외롭지만 시골 인심에 젖어 생활하다 보면 깊은 정이 들어 헤어질 순간의 쓸쓸한 마음을 메울 수가 없다. 나는 10년 하숙생활로 젊은 날을 보내며 즐거움과 괴로움을 겪었다. 가끔은 객지 생활에 어려움이 닥치면 부모 생각과 고향을 그리워하며 나그네 삶을 보냈다.

그곳에서 2년이 지나 다른 곳으로 발령을 받았다. 이 학교는 교사가 적어 가족적 분위기였다. 이곳에서 2개월 후 나는 입대 징집영장이 나와 논산훈련소에 입대했다.

제대하고 부임한 곳이 충북 영동군 용산인데, 여(呂) 교사가 나를 반갑게 대해 주었다. 그는 내가 거처할 곳을 자기 집 안채 주인에게 부탁하여 하숙을 하게 됐다. 남자 주인이 젊은 시절 씨름대회에서 일등을 하여 황소를 상으로 받았다는 사람이다. 그분은 젊은 나이에 상처하고 들어온 부인이 며칠 만에 나갔다. 알고 보니 술집에서 데려온 여인이기에 살림에 적응이 어려워 가출한 듯하다. 두 달 동안 여자가 세 번 들어오고 나갔다. 여인이 나갈 때 나는 여(呂) 선생 집에서 식사를 해결했다. 여기서도 있을 수가 없어 동료직원 집으로 옮겼다. 이곳은 대가족이라 식사시간이 들쑥날쑥이었다. 불안한 하숙생활에 이리저리 옮기다 보니 내 일신이 고달프고 짜증스러웠다.

다시 옮긴 근무지가 고향 근처인 중원군 노은면 노은초등학교다.

이곳은 면소재이지만 산야가 확 트일 뿐만 아니라 여유 있고 살기가 풍부하게 보였다. 인사이동 때라 많은 교사가 떠나고 부임하여 6명의 교사가 함께 하숙하게 되었다. 그 집은 광산을 크게 하여 남부럽지 않게 생활했는데 광산이 망해 실업자로 생활한다고 했다.

몇 달 후 모두들 전근을 가거나 군에 입대하여 다섯 분이 다 나가고, 나 혼자 남게 되었다. 오랜 세월 지나고 보니 주인 아주머니가 관심을 갖고 헌신적으로 대해 주었다. 나의 예의 바른 행동과 성실함에 이웃사람들에게 칭찬을 아끼지 않는다.

아주머니는 내 사진과 그 집 아들 사진을 나란히 걸어놓고 한 식구처럼 대해 주었다. 하숙집에는 딸이 둘 있었다. 맏딸은 내 방청소와 책정리를 해주고 내게 깊은 애정을 보였다. 나는 맏딸과 이야기도 하고, 영화구경도 하며 1년을 즐겁게 보냈다. 여행을 갔다 오면 선물을 꼭 주고받았다. 그러나 자존심 때문에 마음의 진실한 얘기는 못하고 갑자기 서울로 이사를 가게 되었다. 아쉬움을 뒤로 하고 헤어지면서 나는 손수건 선물을 받았다. 손수건은 이별의 상징이라는데 그리움과 쓸쓸한 마음을 간직한 채 다시는 볼 수 없게 되었다. 50년이 지난 지금도 그 여인이 가끔 떠오른다. 나에게 헌신적으로 해주신 아주머니와 친절과 봉사로 대해준 딸이 지금도 자꾸 생각난다.

동가식서가숙 나의 젊은 나그네 삶, 10년 찌든 하숙생활, 어려움과 즐거움, 괴로움과 아쉬움이 담긴 추억을 더듬어본다.

〈수필춘추〉 2014년 겨울호

어느 학교의 근무일지

국운(國運)이 있듯 학교에도 운이 있는가 보다.

나는 1990년 ○○초등학교에서 ○○초등학교로 발령을 받았다. 교사는 4년마다 의무적으로 이동을 해야 한다.

5학년을 담임하고 1년만 보는 친목회장을, 내 이름이 알려져 4년간을 더 보았다.

부임 2개월이 되었을 때 토요일 오후 직원들의 이름도 모르고 얼굴도 잘 익숙해지지 않을 무렵 교장이 남자 교사들을 위해 자리를 마련했다.

남한산성 밑 고골에서 보신탕을 먹는다고 남교사 전원이 갔다.

점심을 먹고 난 후 장기, 바둑을 두고 고스톱을 치며 한참 재미있게 시간을 보냈다. 나는 몇 시간 후 아내가 운영하는 피아노 대리점으로 왔다. 일을 바쁘게 보고 있을 때 한 통의 전화가 왔다. "친목회장님! 큰일 났어요." 일직 교사의 전화였다. 4학년 오영철 선생님이 숨졌습니다. 교장선생님께 빨리 알려야 하는데 연락이 안 된다고 한다. 마침 느티나무집 명함을 가져왔기에 전화로 알려주고 광화문 가게에서 ○○병원 영안실로 갔다.

교장과 남교사 일행은 고골에서 출발하여 병원으로 왔다. 남교사들은 다 놀러갔는데 4학년 오 교사만 방과 후 수업을 끝내고 하교시키다가 교문 앞에서 쓰러져 응급실로 갔으나 숨진 것이다. 평소에 지병이 있었던 것으로 생각된다.

오 선생 부인은 학교에서 사고가 났으니 순직으로 해달라는 것이다. 그러나 근무시간 이외 쓰러졌기에 순직으로 할 수 없다는 것이 상부의 견해였다. 교장이 백방으로 쫓아다녀 어렵게 순직으로 처리하였다. 상여(喪輿)차가 교문 앞에서 4학년 아이들과 이별을 고하고 오 선생은 고향 선산에 묻혔다. 나는 친목회장으로 전남 고창 장지까지 갔다 왔다.

그 후 근무 2년 되는 해 친목회에서 동구릉으로 야외 나들이를 했다.

친목행사는 토요일 오후 수업이 끝나고 나가는 것이 보통이지만, 교사들은 모처럼 돌아오는 토요일 개인만의 시간 갖기를 원하기 때문에 꺼려한다.

학년 주임들은 수요일, 전교생 4시간 수업이기에 이날 오후로 잡기를 희망하여 건의했으나 교장은 허락해 주지 않았다.

난 교장의 마음을 돌리기로 하고 며칠 뒤 학부형이 주관하는 친목운동회가 있었던 날 저녁식사하는 식당에서 졸라댔다.

교장은 교감들과 내일 상의하자고 했다. 나는 간신히 허락을 받아 저녁에 두 교감에게 전화를 걸어 협조를 당부했다. 이튿날 교장실에

서 교장·교감·친목회장의 회의결과 수요일에 가기로 결정을 봤다

버스 2대를 예약하고 한국레크리에이션 총무까지 부탁해 재미있는 야외 계획을 세웠으나 교장이 버스보다는 자가용 이용을 권해 학년마다 차를 배치해 야외 장소로 출발했다.

내 차에 마지막으로 교장과 교감을 태우고 모임 장소에 가보니 5학년 자가용 한 대가 도착하지 않아 왠지 불안한 느낌이 들었다.

학교로 전화를 해보았다. 일직교사는 5학년 차가 교통사고로 4분의 선생님이 망우리 제일병원에 입원했다고 했다.

나는 교감에게 친목행사를 끝내고 남교사만 제일병원으로 오게 하고, 교장과 함께 병원으로 갔다. 네 사람이 중환자실 여기저기에 누워있었다. 나는 정신 없이 환자 교사의 보호자를 불렀다. 나는 일년간 사고 처리하느라 고생이 무척 많았다. 추석날 고향에도 못 가고 퇴근 후 병원 찾기를 몇 개월 동안 하였다.

교통사고 교사들은 몇 달간 치료를 받았으나 후유증이 심했다. 남교사 한 사람은 머리를 다쳐 과거 기억을 완전히 상실했다. 한 여선생은 다리가 부러져 두 번이나 쇠를 박아 고통스러운 생활을 했다. 또 한 사람은 입술을 다쳐 성형수술을 받았고 운전한 여선생은 목뼈를 크게 다쳐 목 전체를 치료받고 붕대로 감았다.

어려움이 한두 가지가 아니었다. 운전 여교사의 과실이 커 보험처리도 되지 않았다. 환자 교사의 보호자들이 운전 여교사 형사 문제에 동의해 주지 않아 나는 정신적으로 심한 고통을 겪었다.

3년차 여선생 한 분이 여름방학에 출산 날짜를 조작하여 교장, 교감이 검찰에 불려다녔다. 일을 잘못 처리했다 하여 교무교감은 교장 자격증을 갖고도 발령을 받지 못하고 좌천당해 불이익을 받았다.

4년되는 해에는 친목회를 보는 여교사 총무가 자동차 학원에서 운전 교습을 배우다가 교습 교사와 불미스러운 일로 두 사람이 경찰서에 불려다녔다.

교육청에서 빨리 처리하라고 하여 여교사 사표를 수리하였으며 교장과 교감이 검사실에 자주 불려다녔다. 두 분이 수습하느라고 정신없이 분주하게 돌아다녔던 모습이 지금도 선하다.

교장은 이미 고인이 되었지만 내가 근무하던 4년 동안 매년 사고가 발생하였다.

나는 답답해서 교장에게 고사(告祀) 한 번 지내봐야 되겠다고 했더니 기독교 신자로 미신을 싫어하지만 친목회장 마음대로 하라고 했다.

여교사들은 모두 퇴근시키고 남교사들만 남아서 교무실 정문 복도에서 떡과 돼지머리를 차려놓고 무사고를 빌며 간절히 기원했다.

교장은 지난날 남교사 모임에서 ○○학교생활은 생각도 하기 싫다면서 4년 간의 악몽을 이야기했다. “학교에도 운이 있어 내가 여러 학교를 다녀봤지만 이런 학교는 처음 봤어!”하며 지난 일을 떠올렸다. 옛일이지만 그 학교에서 4년 동안의 근무 시절을 되돌아보며 악몽 같은 날들이 몸서리마저 쳐진다.

〈지구문학〉 2017 가을호

문방사우(文房四友)

나는 평소에 붓글씨에 관심이 있어 서화전과 서예학원을 자주 찾았다.

61년 군복무를 마치자 바로 복직하고 서예학원도 다녔으며, 몇 년 전까지만 해도 '광진노인복지관' 서예반에서 붓글씨 공부도 열심히 하였다. 1958년 3월 사범학교를 졸업하고 시골학교에 첫 발령을 받았다. 그런데 거처할 곳이 마땅치 않아 학부형이 운영하는 여인숙에서 하숙을 했다. 어느 날 여인숙에 머물면서 역학(易學)을 하는 한 손님과 상담을 하게 되었다. 그 사람은 그림을 그리고 붓글씨도 잘 썼다.

그 분과 친하게 지내며 퇴근 후에는 붓글씨 쓰는 기술도 배우고 연습을 자주 하게 되었다. 그 당시만 해도 학교에서 환경정리나 계획표를 세울 때면 제목은 붓글씨로 써서 붙였다. 그런 일들이 계기가 되어 환경정리를 할 때면 나는 대필자가 되어 글을 많이 썼다. 그러던 중 학년말이 되어 졸업장·개근상·표창장은 내가 도맡아 쓰게 되었다.

문방사우(文房四友)라는 말은 서예학원에서 늘 쓰는 말이다. 옛날에 서예가 예술로 성장될 수 있었던 원인은 문인(文人)이나 묵객(墨客)들이 생활필수품으로 가지고 있었던 서사공구(書寫工具)와 밀접한 관계가 있기 때문이 아닐까싶다.

일반적으로 공구도구라고 하지만 필연(筆硯-붓·벼루)은 도구이며 지묵(紙墨)은 재료다. 서예에 필요한 용구와 재료는 여러 가지가 있지만 그 중에서 가장 중요한 것은 문방사우(文房四友), 즉 벼루·먹·붓·종이다.

나는 58년도 그 때만 해도 네 가지를 다 갖춰 보관하고 썼으며, 종이는 주로 신문을 오려 철해서 붓글씨 연습을 했다. 70년대 말경 먹물이 상품화하여 나오고부터는 벼루와 먹은 사용하지 않고 붓과 먹물로만 간편하게 사용했다. 그러다보니 자연적으로 붓에 큰 관심을 갖게 되었고 서울의 인사동 문구점에 가서 붓을 골랐다.

붓의 종류는 30여 가지가 있다. 나는 그 중에서 산토끼 등뼈 주위의 탄력성이 강한 털로 만든 자호필 붓을 가장 많이 애용한다. 그 다음이 낭호필(소털), 계호필(닭털), 경호필(두 가지 이상 털) 등이 있다. 붓을 고르는 데는 옛부터 4덕(四德)을 전제로 한다. 원(圓)·첨(尖)·제(齊)·건(健)이라, 원은 붓 주위가 둥글게 에워싸여 송곳 모양으로 돼야 하고, 첨은 먹물을 묻혔을 때 붓끝이 뾰족해야 한다. 제는 붓털의 길이가 가지런해야 하며, 건은 붓 허리에 탄력성이 풍부하여 붓을 늘려 쓴 후 휘었던 붓털이 다시 원래 모습으로 되돌아와야 좋은 붓이다.

내가 구입한 붓은 대·중·소를 구분하여 7~8개 소유하고 있다. 나는 좋은 붓을 고르기 위해 여러 가지로 살핀다. 붓 끝은 뾰족하고 가지런히 둥글며 옥토에서 솟아오르는 죽순처럼 둥그스름해야 하고, 필단(筆端)에서 털이 한 올 두 올 빠지는 것은 좋지 않아 그런 면을 살폈다.

그리고 지필묵연(紙筆墨硯)을 찾아보면 지(紙)는 문방문화를 담는 그릇이다. 종이는 붓, 먹, 벼루의 멋이 깃든 문방문화로 담는 그릇이라 할 수 있다. 뿐만 아니라 여러 색상의 봉투와 편지를 쓰는데 사용하는 다양한 간찰지(簡札紙)는 소통의 도구가 되었다. 천년을 간다는 우리 종이 한지의 생명력은 수백 년이 지난 오늘날에도 김홍도, 신윤복 같은 조선시대 최고 풍속화들의 작품을 감상할 수 있게 해주었다.

필(筆)은 기개와 절조의 선비정신이 깃들었다. 전통 붓의 속성은 선비의 미덕을 따르는 것으로 부드럽되 속이 강한 외유내강의 성질은 옛 선비들이 붓을 통해 은근하면서도 강렬한 전통문화를 이어오게 된 배경이 되었다 한다.

묵(墨)은 정성들여 마음을 갈고 닦으며 서예 무대에서 고색창연한 묵색을 자랑한다. 그윽한 묵향과 함께 많은 문인에게 사랑을 받아온 먹은 제 몸이 갈리면서 새로운 글씨와 그림을 세상에 뱉어낸 먹의 빛과 향기로 천년이 지나도 변치 않는다고 한다. 벼루의 역사는 정확한 기록은 없으나 출토된 벼루에 의해 그 시기를 추정하는데 우리나라에서 가장 오래된 것이 가야시대에 만든 원형도연(陶硯)이라고 한다. 나는 '지필묵연'의 아름다움을 조사해 보고 문방사우의 깊은 뜻을 이해하는데 도움이 됐다.

1977년 7월, 나는 교직에서 잠시 떠나 사업을 하면서 음악협회를 운영할 때다.

매년 봄·가을로 음악콩쿠르를 개최했다. 4~5백 명씩 출연하여 150여 명을 시상할 때 상장을 썼다. 상장 내용은 인쇄가 되었고 상·등수·이름·날짜만 쓸 때의 일이다. 그 당시만 해도 쉽게 구할 수 있는 게 먹물과 붓뿐이라 상장을 쓰다가 먹물 통이 넘어져 다 쓴 상장을 버리고 다시 쓴 일이 생각난다.

음악학원을 순회하면서 어쩌다 원장 사무실에 들어가 보면 특상이나 최우수 상장이 걸려 있는 액자에 내 필적을 볼 수 있다. 각종 상장을 보노라면 내 인생의 한 단면(斷面)을 보여주는 것 같아 마음이 뿌듯하다.

요즘 나는 음악콩쿠르에는 관여하지 않고 '서울역사문화포럼'에서 4개월 연수로 행하는 '서울지역 문화유적답사'에서 해설을 맡아서 한다. 연수생이 40여 명쯤 되며 그들의 수료증을 써서 수여하고 열심히 나온 사람에게는 시상도 한다.

나는 1년에 네 번씩 기제사 때 축문과 지방을 쓴다. 조부모와 부모의 축문은 한문으로 쓰지 않고 한글로, 그 해에 일어난 경사와 애사를 세로로 써서 제삿날 독축하며 네 분에게 고한다.

서예는 몸과 마음을 곧은 의지(意志)로 다스리고 자기표현을 깊이 품고 써야하는 참된 예술이다. 지금 내가 쓰는 글은 옛날처럼 벼루·

먹·붓·종이를 갖춰 마음을 정갈하게 하고, 벼루에 물을 부어 먹을 갈면서 정성이 깃든 마음씨가 글 속에 스며들어야 한다. 그런데 분주한 생활이라 그런 예(禮)를 갖추지 못하는 게 씁쓸할 뿐이다.

먹물과 붓만 사용하다보니 예술적 가치는 떨어지고 상업적 글씨와 형식적 수단에 얽매여 마음이 편치 않다. 예전에 붓글씨를 1년에 두 번씩은 의무적으로 썼다. 한참 쓰고 나면 팔이 떨어져 나가는 고통을 참았던 경험이 생생히 떠오른다. 하지만 내 인생에 있어 붓글씨와 인연을 맺어 붓과 벗하고 지낸 지 50여 년, 외형에 치우치는 글씨보다는 심성(心性)을 닦는 붓글씨의 인생이 되고 싶다.

〈청계문학〉 2014년 겨울호

일편단심 충절의 무궁화(無窮花)

나라마다 국가(國家)를 상징하는 꽃이 있다. 우리나라 꽃은 무궁화며 대한민국의 표상이다. 무궁(無窮)은 공간 또는 시간공간의 다함이 없다는 뜻이다.

우리나라 훈장 가운데 최고의 훈장이 '무궁화대훈장'이다. 대통령과 배후자 또는 우방국 원수에게 수여될 수 있다. 이런 최고의 영예를 나타내는 훈장이 무궁화와 결부된다는 것은 그만큼 한국인의 사랑을 받기 때문이다.

무궁화는 100여 일 동안 피고 진다. 어느 꽃에 비해 계절에 구애됨 없이 계속 피는 꽃이다. 울타리나 장독대 또는 산과 들 어떤 곳도 가리지 않고 자라기에 고금의 시인 묵객들과 모든 사람들이 이 꽃을 찬양하고 노래했는지도 모른다. 그래서 무궁화는 한국 국민의 정서 또는 민족성을 대표하는 꽃으로 선정되었을 것이다.

월남, 브라질, 하와이 등의 외국 무궁화들은 꽃 자체가 진홍이건 연홍이건 단일색이다. 우리나라 무궁화처럼 화심(花心)에 단심(丹心)이라는 붉은 부위가 없다. 우리나라 무궁화는 백의민족에 일편단심 충절을 표현하는 꽃이다.

모든 꽃은 지지만 생명을 매듭짓는 작태는 다르다. 대개 꽃들은 꽃잎이 시들어 지저분하지만 무궁화는 그렇지 않다. 생명을 접듯 꽃잎을 단정히 닫는다. 그럴 때마다 마치 꽃봉오리 때 모습으로 되돌아가는 것 같다. 그래서 무궁화가 피려는지 지려는지 나는 알 수가 없다.

모진 세파에 시달려도 중도에 포기하지 않고 참아내고, 자신의 허물을 남에게 핑계 대지 않으며 차곡차곡 개어 감싸 깨끗이 마무른다. 요염하게 절제 없이 흐트러지게 피어대는 장미나 목단의 말로와 비교하면 다르다는 것을 알 수 있다. 이것이 우리 민족의 은근과 끈기를 나타내는 정신이기도 하다.

무궁화는 끊임없이 피고 져 우리나라를 상징하는 꽃이기에 주변 국가들은 예로부터 대한민국을 '무궁화 땅'이라고 불렀다. 이에 대한 기록을 보면 동진(同塵)의 문인 곽박이 쓴 『지리서』에 '군자의 나라에 무궁화가 많은데 아침에 피고 저녁에 지더라'는 구절이 있다. 또 중국의 고전인 『고금기(古今記)』에도 군자의 나라에는 지방이 천리인데 '무궁화 많이 피었더라.'는 기록이 있다. 이런 기록으로 보아 우리나라에는 이미 가는 곳마다 무궁화가 만발했던 것으로 생각된다. 고려 제16대 예종은 고려를 근화향(槿花鄕)이라고 불렀다고 한다. 무궁화는 원래 우리나라에서만 자생하는 꽃이었다고 하는데 지금은 세계 각국에 약 300여 종이 자라고 있다.

나라마다 그 나라의 국화(國花)로 지정하게 된 배경에는 다 그럴만

한 이유가 있는 것 같다. 영국 장미는 원래 왕실의 휘장이었다. 일반 백성들이 장미를 사랑하며 가꾸게 되면서 영국의 국화로 지정했다 한다.

스코틀랜드는 엉겅퀴가 국화(國花)인데 엉겅퀴는 얼핏 보면 가시가 많은 보잘 것 없는 잡초에 불과하다. 옛날 덴마크 해적들이 몰래 침입하다가 엉겅퀴 가시에 찔려 비명을 지르게 되었다. 스코틀랜드 사람들은 그 소리를 듣고 해적이 쳐들어온 것으로 알고 재빨리 피난하여 모두가 무사할 수 있었다. 이런 연유로 스코틀랜드는 '엉겅퀴꽃'을 국화로 삼게 되었다 한다.

우리나라가 특별한 배경 없이 무궁화를 나라꽃으로 지정한 것은 매우 자연발생적이다. '19세기 중엽, 꽃을 좋아하는 사람들이 왕실의 문장(文章) 또는 훈장이나 화폐의 표상으로 널리 사용하면서부터'라는 설이 대체적이다. 한편으로는 남궁억이 지정하였다고 한다. 그는 철종 때 태어나 일제강점기시대(1939) 76세로 독립운동가, 교육가, 언론가이며 '한성신문사 사장'을 지냈다. 1931년 홍천에 보리울학교를 세우고, 무궁화동산을 만들어 무궁화 사건의 주모자로 옥고를 치루고 8년 후에 죽었다. 내가 죽거든 무덤을 만들지 말고 무궁화 12송이와 함께 나무 밑에 묻어서 거름이 되게 하라는 유언을 남겼는데 12송이는 조선의 12도를 상징한 것이라 한다. 또한 윤치호와 상의하여 애국가에 무궁화를 넣도록 하여 애국가 가사에 실렸다는 이야기도 있다.

나는 홍천 무궁화동산을 답사하면서 남궁억의 애국심을 생각해 보았다. 종북세력들의 국가관이 희박한 지금 이 분의 애국심을 본받아야 되지않나싶다.

무궁화는 1910년 일본이 우리나라를 강제로 통치하면서 더욱 애국심의 표상처럼 여기게 되었다. 서양사람들은 무궁화를 '샤론의 장미'라고 부른다. 샤론은 성서에서 나오는 지명으로 현재 팔레스타인 서부에 위치하는 매우 비옥한 평야다. 성서의 땅 샤론에 피는 장미로 호칭되리만큼 무궁화는 장미에 버금가는 아름다움과 성품을 지닌 꽃이기도 하다.

광복 후 1948년 정부수립과 동시 입법부의 대표인 국회의원 배지도 무궁화요, 치안의 상징인 경찰 마크도 무궁화다. 또한 국기에 대한 법을 제정할 때 깃봉을 무궁화 꽃봉오리로 하도록 정하였다.

무궁화는 끝 없이 피는 꽃, 장엄하고 엄숙하며 미련한 기품과 정조와 결백을 갖춘 꽃이기도 하다. 겨레의 얼굴 민족정신을 상징하는 넋으로 무궁화만한 꽃도 드물다고 본다. 척박한 땅 아무 곳에서나 잘 자라는 꽃, 그런 속성이 일제강점기 동안 남다른 고난 속에서 살았던 이 나라 민족들에게 자신들의 모습이 투영되었을 것이다.

무궁화는 분명히 우리의 애환을 같이한 민족의 꽃으로 가슴깊이 자리 잡고 있다. 그러기에 더욱 사랑하고 아껴야겠다는 생각이 든다.

〈수필춘추〉 2016년 여름호

제9부 만남과 인연

만남과 인연

'이상보 박사의 졸수(卒壽)를 축하하면서'

사람은 일평생 많은 사람을 만나면서 살아간다.

일생을 살면서 우리는 얼마나 많은 사람들과의 교류를 지니면서 살아가고 있는지 궁금하지만 자신이 원하던 원하지 않던 간에 만나면 헤어지고, 헤어졌다 다시 만나는 것이 삶의 길이 아닌가 생각해 본다.

인생은 만남의 연속이요 인연일진데, 이상보 박사와의 만남은 〈문예비전〉 문학지에 우리 광나루문학 회원 한 사람이 신인상을 받는 글에 평을 쓰시어 그때 만나면서 부터다. 종로구 인사동 식당에서 처음 뵈올 때 인자하심과 따뜻한 미소가 풍겨나오며 산수(80)가 넘었는데도 건강하심이 내 마음에 존경할 분이구나 생각했다.

두 번째 만남은 내가 전화를 드려 만나 뵙겠다고 했더니 은평구 역촌사거리 조선식당에서 만나자며 길을 자세히 알려주셨다.

나는 6호선 구산역 4번 출구 바로 앞 식당에서 박사님을 만났다.

내가 저술한 『조선왕조 500년 역사이야기』 상·하 2권과 역사에세이 『허공에 맴도는 조선인의 그림자』 한 권을 드렸더니 나를 무척 칭찬하시면서 두고두고 읽겠다고 하였다. 출판사 '수서원'도 잘 아신다며 조언해 주신 말씀이 내 마음 속에 영원히 기억되었다. 얼마 후 편지 한 통이 배달되어 뜯어보니 이박사님께서 직접 쓰신 표지 '축 정기용 에세이' '선열들의 나라 사랑, 아름답게 밝히셨네.' 글을 보내 주시어 나는 얼마나 기쁜 지 몰랐다.

나는 액자를 만들어 내방에 걸어놓고 항시 보면서 좋은 만남에 특별한 인연이라고 늘 감사함을 갖는다.

영문학자이며 수필가이신 피천득 교수는 '어리석은 사람은 인연을 만나도 몰라보고, 보통사람은 인연인줄 알면서도 놓치고, 현명한 사람은 옷깃만 스쳐도 인연을 살려낸다고 했다. 좋은 인연은 노력하는 자에게만 있다고 하지만, 나 자신의 생각으로는 하늘이 맺어준다고 믿는다.

우리는 사람을 잘 만나야 보람된 삶을 갖는다고 본다. 머리가 좋은 사람도 사람을 잘못 만나면 좋지 않는 결과를 보게 된다. 우리는 인생 속에서 만남이란 매우 중요한 역할을 한다고 본다. 그러기에 부모의 만남이 중요하지만 스승과의 만남과 친구의 만남도 소중하고, 지인의 만남은 더욱 소중하다는 것을 느꼈다. 그래서 이상보 박사의 만남은 나에게 좋은 만남으로 소중한 인연을 갖고 보람 있는 관계를 맺는다. 살다보면 원하지 않는 만남을 통해 힘들어질 수도 있지만 그러한 만남이 좋은 인연으로 변하기도 한다. 그러기에 인간의 만남이란 우리 삶 속에 대단히 중요한 가치로 적용될 때가 많다.

오늘을 살아가면서 긍정적인 사고와 희망을 주시는 분, 이상보 박사는 나의 생활에 많은 것을 깨우쳐 주시고, 힘과 용기를 갖게 하는 좋은 만남과 특별한 인연으로 각인(刻印)된다.

심리학자에 따르면 사람들에게 행복을 결정하는 두 가지 질문이 있다고 한다. 첫째 지금까지 하고 있는 일에 나에게 의미를 가져다 주는 것, 둘째 나와 주변 사람들과의 관계가 좋은가, 이 두 가지 질문이 인간의 행복 열쇠라고 한다.

나는 이상보 박사와 만남으로 훌륭한 문학인들과의 교류가 많아 즐겁게 활동한다. 이박사의 소개로 월간 〈조선문학〉 박진환 주간 겸 회장과의 만남은 〈조선문학〉 회원들과도 교류하지만 〈조선문학〉에 1년간 역사수필 연재도 했다. 언제인가 이상보 박사, 박진환 회장, 김병권 수필가와 같이 남한산성에 있는 애마식당에서 점심을 하며 담소하던 시간은 좋은 만남과 인연으로 큰 의미를 부여했다.

나는 가끔 박사님과 실버영화관에서 영화를 감상한다. 실버영화관 휴게실은 조용한 분위기라 대화하기가 참 좋다. 하루는 영화관 휴게실에서 담소하던 중 책 한 권을 건네주시면서 우리 딸이 글을 썼다며 읽어보라고 하셨다. '아버지가 암을 안고 여유 있는 생활을 한다'는 내용이다. 나는 깜짝 놀라 무슨 암을 안고 그렇게 태평하고 여유 있는 삶을 갖느냐고 물었더니 "암에 연연하지 않고 그저 친구처럼 옆에 있거니 하며 대수롭지 않게 생각한다"고 말씀하신다. 정말 인생을 터득한 분이시구나 하면서 그런 긍정적인 사고가 장수의 결과 같아서 나 자신의 소극적인 태도를 돌아보게 한다. 보통 사람이면 자기 몸에

암이 있으면 고민하고 마음의 상처와 함께 괴로움을 느낄 텐데, 이박사는 그런 기색이 전혀 보이지 않으니 그런 체념적인 마음이 암을 극복하는 힘이 되는 것 같은 생각마저 든다. 그분은 항시 나보다는 남을 먼저 생각하시고 남에게 폐를 끼치지 않고 부담을 주지 않는다. 만나면 만날수록 존경심이 생기고 정이 드는 분이시다.

나는 이박사를 볼 때마다 첫 만남과 두 번째 만남을 떠올려 본다. 따뜻한 정감과 온화한 미소, 인자하고 소탈하신 분으로 느끼며 매사에 긍정적이기에 흐르는 물과 같이 부드럽고 참신한 분으로 기억된다. 물은 항상 높은 곳에서 낮은 곳으로 흐르고, 물과 물이 만나면 서로 다투지 않고 더 큰 하나가 되어 넓은 곳으로 흐른다. 또한 다른 존재와 만나도 다투지 않고 이롭게 할뿐만 아니라 가장 부드러우면서 세찬 모습을 보이신다. 이박사는 부드러움과 친화력을 갖고 남을 신뢰하면서 배려하는 마음이 나에게는 더욱 존경심을 갖게 한다.

이 분을 뵈올 때면 높고 푸른 가을하늘을 생각하게 한다. 졸수(卒壽)를 맞아 부디 오래도록 건강하시고 행복한 여생을 보내시기를 기원하며 내 마음 속에 존경심을 지닌 각인된 지인으로 남으리라.

2017년 12월 12일
이상보 박사 구순 기념글

〈조선문학〉의 여명(黎明)

〈조선문학〉 300호 출간을 축하하면서

〈조선문학〉 지령 300호를 축하하면서 미래 여명의 밝음을 예견해 봅니다.

필자는 조선문학의 조선(朝鮮)이란 단어를 무척 좋아하며 호감을 갖고 월간 〈조선문학〉을 구독하고 있습니다.

조선이란 글자가 왠지 마음에 든다. 조선은 사전에 상고시대부터 내려오는 국명(國名)이라고 하지만 조(朝)는 아침, 즉 태양이 떠오르는 동쪽을 의미하며 희망과 밝음을 주는 뜻을 상징하기도 한다. 또한 수면(睡眠)에서 깨어나 희망찬 기분으로 하루의 첫 시작의 의미를 부여하기도 하지만 여명이 밝아오는 새벽은 어둠이 사라지고 태양이 떠오르는 아침을 알리기도 한다.

우리 민족은 아침을 중요시하기에 조선시대 조기문화가 정착됐다. 예부터 생일잔치에 조찬(朝餐)을 선호했을 뿐만 아니라 만찬(晩餐)을 하지 않았다.

우리 조상은 정사 보는 곳을 조정(朝廷)이라 했고 지방행정 보는 곳을 동헌(東軒)이라 했음은 부지런하고 은근과 끈기를 지닌 민족임을 나타냈다.

그래서 나는 아침을 즐기며 긍정적인 사념(思念)으로 희망찬 하루를 시작한다. 그럴 뿐만 아니라 조선이 좋아 '조선일보'를 구독한지가 50년째다. 몇 년 전 『조선왕조 500년 역사이야기』 상·하 권을 집필했고, 『조선인의 그림자』 역사수필을 출간하기도 했다. 내가 조선문학에 관심을 갖고 애독하면서 많은 사람들에게 구독을 권장하였으며 또 이 문학지에 연재수필을 1년간 쓰기도 했다. 조선문학이 타 문학지에 비해 내용이 충실하며 어딘가 모르게 중량감이 든다. 보통 문학지가 계간, 격간지에 비해 조선문학은 월간 문학지로 장르가 다양하며 독자로 하여금 충실하여 사랑을 받는다고 본다.

필자가 생각하기엔 좀 아쉬움이 있다면 수필의 지면을 더 많이 할애하였으면 한다. 서론을 보면 시가 차지하는 부분이 너무 많은 느낌이 든다. 조선문학이 종합 문학지로써 수필의 양을 늘리고 동화, 동시 등 다양하게 계획하여 종합적인 문학지가 됐으면 더욱 좋지 않을까 생각해 본다. 그리고 조선 역사에 대한 특별 코너를 만들어 역사에 대한 소설, 수필, 시에 대한 한 페이지를 만들어 조선이란 의미를 부여하고 싶은 생각이 든다.

앞으로 끊임없이 정진하여 『조선문학』 미래의 여명이 계속 이어지기를 기대해 본다.

2016년 4월호

〈조선문학〉 창간 300호 기념특보를 내면서

소중(所重)한 인연(因緣)

박도영 선생님 고희를 맞으며

우리 인간을 사회적 동물이라고 하지 않는가. 태어나 성장하면서 죽음을 맞을 때까지 과연 얼마만큼 만남을 지니며 살아가고 있는지 궁금하다.

사람들은 만나면 헤어지고 헤어졌다가 다시 만나는 것이 인생살인가 보다. '오다가다 옷깃만 스쳐도 전생의 인연이다.'라는 속담이 있다.

삶은 만남의 연속이요 그것이 인연일진대 박선생과의 만남은 이곳에서 수필공부를 시작으로 소중한 인연으로 시작되었다.

내가 박선생과의 첫 만남은 7년 전으로 되돌아가 '광진문화예술회관' 수필 강의 수강 차 방문했을 때다.

그때 첫 인상은 7년이 지난 지금에도 잊지 않고 생각난다. 온화한 미소로 다정다감하게 모닥불처럼 정감이 넘치고 가슴이 따뜻한 인간미를 느낄 수 있어 참 좋았다. 언제나 첫 인상처럼 박선생은 늘 미소 짓는 모습으로 화내시는 일 없이 밝고 긍정적이며 흐르는 물과 같이 부드럽고 참신했다.

물은 항상 높은 곳에서 낮은 곳으로 흐르고 물과 물이 만나면 서로 다투지 않고 더 큰 하나가 되어 더 넓은 곳으로 흐르며 다른 존재와 만나도 다투지 않고 이롭게 할뿐만 아니라 가장 부드러우면서도 세차게 제 모습을 드러낸다. 박선생은 언제나 이런 물처럼 부드러움과 친화력을 가지고 타인을 신뢰하고 배려하며 한 사람 한 사람 개개인에게 좋은 글을 쓰도록 감로수(甘露水)가 되신 분이다.

또한 긴 세월 동안 초지일관(初志一貫) 월요수상(月曜隨想)을 꿋꿋하게 강의하며 그동안 수강생들의 작품에 쫓겨 못다한 이런 일 저런 일 제치고 자신을 희생하며 오직 수필 지도에 여념이 없으신 분이다. 그러기에 많은 수강생들을 지도하여 수필 문단에 등단시켜 중견작가로 활동하는 사람들이 많다.

박선생은 사계절을 상징한다. 희망의 봄에 새싹처럼 태어나 푸른 잎처럼 활력이 넘치는 여름 삶을 살면서, 때로는 가을의 산야에서 단풍잎 같은 아름다움을 창조하며 겨울의 흩날리는 백설의 겸양지덕(謙讓知德)을 품고 사시는 분이다.

우리는 흔히 시간의 걸음걸이는 세 가지라고 한다.

미래는 주저하며 다가오고, 현재는 화살처럼 날아가고, 과거는 영원히 정지한다고 한다. 월요수강 시간이 그렇게 짧게만 느껴질 수가 없다.

박선생은 7년이라는 세월에 70이라는 칠순을 맞아 인의예지(仁義禮智)의 큰 덕을 쌓은 분이다.

고희출판기념회를 맞아 소중한 만남의 인연은 큰 보람이요 축하와 함께 자랑스럽게 생각하고 있습니다.

오랜 세월동안 수필이라는 장르 속에 박선생은 내 마음 한 구석에 큰 발자국을 남기셨습니다. 가장 아름다운 만남은 손수건과 같은 만남이라고 합니다. 힘들 때 땀을 씻어주고 슬플 때는 눈물을 닦아준다고 합니다. 이런 소중한 인연으로 내가 한국문단에 들어섰고, 개인 작품 2집과 동인지 5집을 출간했습니다.

지난 일들을 상기하면 월요 2시간 만남이지만 24시간을 함께한 시간 같기도 합니다.

글을 쓰고 평하며 글의 내용이 이메일로 오가면서 늘 문학 속에 함께한 자리가 됐습니다. 글을 쓰면서도 야외 소재를 갖게 하기위해 문화유적의 답사나 기념관 방문 등 친목의 화합을 쌓으며 더 큰 만남의 소중함을 갖게 했습니다.

우리 『광나루문학』의 끈끈한 맺음은 월요수상 문집 6집을 생산하며 더욱 견고해 졌습니다. 앞으로 우리의 인연은 늘 문학과 함께 계속 이어질 것입니다.

박선생님! 제2의 인생은 지금부터 시작입니다. 건강한 생활로 언제나 기품 있는 모습으로 문단여정(文壇旅程)의 터전에서 즐거움과 삶의 보람을 새롭게 누리시기 바랍니다. 또한 아름다운 추억을 뒤로하고 계속 정진하여 한국문단에 큰 별이 되시기를 기원합니다.

〈광나루문학〉 2015년 6호집

서울역사문화포럼
회보 100회를 맞으면서

〈서울역사문화포럼〉 회보 100회 축하를 하면서

유수(流水) 같은 세월이라더니 세월의 빠름을 실감한다.

'서울역사문화포럼'이 발족한 때가 2001년 1월 10일이고 보니 15년이라는 역사를 쌓은 셈이다. 내가 '서울역사문화포럼'과 인연을 가진 것은 박경룡 회장을 만나면서부터다. 1994년 교직에 몸담고 있을 때였으니 20년이 넘는다.

어느 지인으로부터 박회장을 소개받은 후 서울역사에 관심을 갖고 유적을 답사했지만, 그 전에도 역사에 흥미를 갖고 책을 보며 공부했다. 지금까지 수많은 유적과 문화재를 돌아보고 세미나에도 참석하여 많은 식견을 넓히며 역사를 알게 되어 나의 삶에 크나큰 보탬이 되었다.

2015년 5월 17일 '서울역사문화포럼' 식구 34명이 러시아 연해주 유적 답사 차 크루즈 여행으로 블라디보스토크를 다녀왔다.

나는 동해의 망망대해에서 수평선 위로 떠오르는 일출(日出)을 보면서 서울역사문화포럼의 발전 상황을 더듬어 보았다.

서울의 역사 연구와 전통문화를 찾아 의식 함양, 문화재 보전, 수호를 위한 목적을 갖고 출발한 포럼(Forum)이 지금은 회원 수가 300여 명을 헤아린다.

본 학회가 시민 활동분야와 연구 활동분야로 나눠 지금껏 역사 연구에 크게 성장·발전해 왔다. 시민 활동으로는 사적답사 및 조사를 매년 7회 실시하여 '문화재애호사상'을 보급하고 선양한 것이 100회가 된다. 또한 무더위나 매서운 추위에도 연구발표, 학술강연회를 실시하여 역사에 새로운 인식을 심어주었다.

그동안 연구 발표와 학술지 『사천집초고(沙川集草藁)』『물재유고(勿齋遺稿)』를 비롯해 『역사와 문화가 숨 쉬는 서울』『세구록(世舊錄)』 등 여러 권의 연구도서를 발간하여 그동안의 발자취를 남겨놓았다. 또한 문화강좌를 개설하여 기별로 운영하면서 서울 곳곳에 유적을 찾아가끔 해설을 할 때면 수강 회원들의 앎에 대한 열의와 학구열에서 새로운 모습을 발견하고 큰 기쁨을 느낀다. 한 기(期)가 끝나고 수료증을 쓸 때의 보람은 내가 1970년에 음악협회를 설립하고 음악콩쿠르를 하면서 상장을 쓸 때와 같은, 두 번의 희열감을 갖게 했다. 이러한 즐거움이 나의 인생역정에 큰 수확이라고 생각하니 문화포럼과의 인연이 얼마나 보람 있는 행복인지 깊은 사념에 젖어들게 한다.

내 생애 큰 보람이라면 그동안 서울역사문화포럼을 통해 공부하고 문헌을 찾아 저술한 『조선왕조 500년 역사이야기』와 『허공에 맴도는 조선인의 그림자』라는 역사에세이 출간이다. 퇴직 후 조상의 발자취를 돌아보고 우리의 문화에 대한 앎을 추구하면서 나는 제2의 인생, 삶의 후반기를 값지게 살리라는 각오를 한다.

이런 생각은 특히 나 자신이 항상 열망하는 건강(健康)·희망(希望)·지혜(知慧)의 밑바탕이 되기도 했다.

나는 20여 년 동안 서울의 역사와 문화를 찾으며 더 나아가 전국 곳곳에 묻혀있는 유적을 답사하면서 문헌도 찾아 산문형식으로 『역사·문화의 숨결』이라는 한 권의 저서도 완성했다. 이 또한 박경룡 회장과의 인연이 근간이 되기도 하다.

역사에 관심 없는 사람들을 위해 어떻게 하면 역사에 대한 인식을 심어주고 문화재에 관심을 갖게 할 것인지, 장차 역사 문화 향상을 위해서도 고민해 봐야 된다고 믿는다. 그러기에 앞으로 서울역사문화포럼의 책무는 무던히도 크다는 생각을 해본다.

〈서울역사문화포럼〉 2016년 4월 100주년 기념 축하문

〈수필춘추〉 창간 20주년을 축하하면서

창간 20주년을 맞는 계간 문학지 〈수필춘추〉에 진심으로 축하를 드립니다. 〈수필춘추〉에 진심어린 경의의 박수를 보내며 오늘이 있기까지 열악한 환경과 그 많은 어려움의 여건 속에서도 이를 극복하며 한국문단에 내노라하는 문학지가 되기까지 이끌어 오신 발행 겸 주간인 이현복 교수에 다시 한 번 존경심을 표합니다.

〈수필춘추〉와 인연을 맺은 지 8년에 접어드니 세월의 빠름을 실감합니다.

'춘추(春秋)'하면 봄과 가을을 음미(吟味)해 봅니다. 봄은 부활과 소생, 성장과 희망의 계절, 1년의 사계절 중 첫 번째 계절이며 새 생명에 대한 약속을 전하는 동시에 우리에게 잃어버린 생명을 떠올리게 합니다.

봄은 오행(五行) 중에 인(仁)이요, 오상에서는 3입니다. 시간은 아침이요, 인생은 소년기지요. 오행에 木 火 土 金 水에 첫 번째 木에 해당되며, 만물이 깊은 잠에서 깨어나 기지개를 펴고 새싹을 발하는 시작이요, 동쪽에 아침 해가 뜨는 희망의 첫 출발이기도 합니다. 가을은 1년 중 세 번째 계절로 밤이 점점 깊어지고 추수의 풍요로움을 알리며 글을 많이 읽는 계절, 또한 겨울을 준비하는 계절이기도 합니다. 이런 의미를 담은 『수필춘추』가 벌써 20주년이 되었습니다.

『수필춘추』하면 매호마다 이현복 주간님의 손길이 묻어있는 책들이 서재에 나란히 꽂혀 기념비가 되었습니다. 창간 20년의 역사를 상고하면 이현복 주간님의 끈임 없는 노력과 혼신의 힘을 다해 고군분투하시는 정성이 깃들어 있음을 실감하게 합니다.

이교수님은 봄과 가을처럼 춘하추동 사계절을 상징하는 분으로 느껴집니다.

희망의 봄에 새싹처럼 태어나 푸른 잎처럼 활력이 넘치는 여름을 살면서 때로는 가을 산야에서 단풍잎 같은 아름다움을 창조하며 겨울의 흩날리는 백설의 겸양지덕(謙讓之德)을 품고 있습니다. 강산이 두 번 바뀌는 세월을 살면서 우리 문학, 특히 수필의 세계를 꽃피워 왔다고 봅니다.

특히 소수 문예지의 간행은 그 어떤 일보다 힘든데도 불구하고 그동안 한 호의 결간(缺刊)도 없이 이어져 오면서 한국문단에 지대한 업적과 우리 문학사에 큰 적족(適足)을 남기게 된 것을 정말 기쁘게 생각합니다.

저 역시 열렬한 독자로서 글을 연제하면서 감사하는 마음을 갖고 크게 자랑스럽게 여기며, 〈수필춘추〉 독자들에게 긍지를 심어주기에 노력합니다.

매년 창간 기념식에 신인상과 문학상을 배출하면서 끝없이 나날이 발전하여 한국문단에 한 획을 담당하여 〈수필춘추〉 식구들이 일취월장(日就月將)하는 면을 보면 이현복 주간님의 탁월한 운영의 묘를 볼 수 있습니다.

앞으로 『수필춘추』에 건강하고 풍요로운 앞날에 무궁한 발전과 번영을 기원하면서 다시 한 번 축하드립니다.

〈수필춘추〉 2017년 겨울호 20주년 창간 기념사

부 록

출판 작품의 서문

1. 『조선왕조 500년 역사이야기』(책머리에)
2. 『허공에 맴도는 조선인의 그림자』(책머리에)
3. 『떨어지는 나뭇잎에도 무게는 있다』라는 표제 아래에서(책머리에)
4. 『역사·문화의 숨결』(책머리에)

동인지 광나루문학과 달섬문학 인사말

1. 〈광나루문학〉 발전을 기대하면서(5집)
2. 도약(跳躍)하는 문학협회를 희망하며(6집)
3. 끝없는 여정(餘情) (7집)
4. 『광나루』 제8집을 출간하며
5. 『광나루』 제9집을 상재하며
6. 〈광나루문학〉의 여명(黎明) (10집)
7. 〈달섬문학회〉 발전을 기대하면서(7집)
8. 『달섬문학』 8집을 내면서

『조선왕조 500년 역사이야기』(책머리에)

조선왕조가 일제에 의해 무너져버린 나약한 나라라고 생각했지만 한 왕조가 500년 간이나 긴 역사를 가졌다는 것은 그리 흔한 일은 아니다. 조선왕조가 500년의 역사를 이어온 것은 우리가 감히 따라갈 수 없는 선조들의 훌륭한 기록정신과 투철한 역사의식이 있었기 때문이다.

조선왕조가 1392년 개국하여 1910년 경술국치로 끝을 맺은, 우리 역사 중 잦은 외침을 당하자 진보적이고 양심적인 지배층과 기층민들은 결사적으로 싸워 자신의 목숨을 초개같이 버렸다. 이 모든 것이 소박한 애국심, 역사의식, 민족의식의 발로였으며 우리 민족을 있게 한 민족정신의 뿌리가 아닌가 본다.

동서고금을 막론하고 발전하는 시대에는 옛것을 익히어 새것을 아는 온고지신(溫故知新)이 있다. 역사란 책이나 전해오는 이야기에만 있는 것이 아니라 현재를 살아가는 우리가 과거와 미래를 이어가는 고리로써 선현들의 생애와 사상, 학문, 예술적 업적 역시 현재를 비춰주는 거울이요, 미래를 밝혀주는 역사의 등불이다.

우리가 역사를 바르게 읽고 알아야 하는 까닭은 무엇일까? 우리 민족이 오랜 세월 걸어온 발자취를 되돌아보고 우리가 서 있는 위치에서 나은 미래를 향해 발전해 가야 할 사명이 우리 모두에게 있기 때문이다. 정사가 뼈라면 야사는 살이라고 말할 수 있다. 야사를 곁들여 읽는 것을 단순히 재미로 읽는 것도 되지만 역사를 이해하는 데에도 도움이 된다고 생각할 수 있다.

필자는 『조선왕조 500년 역사이야기』를 펴내면서 실록과 야사를 곁들여 책을 읽는 이들에게 지루하지 않고 역사의 새로운 이해를 갖도록 시도했다.

이 책의 상권에서는 서울의 발자취로 시작하여 서울의 지형과 풍수, 보신각의 유래, 왕실에서 세자로 책봉되고도 왕위에 오르지 못하고 죽음에 이르는 세자와 스물일곱 분의 임금 중 일화가 많은 부자관계 등을 기술했다. 또한 시대를 주름잡는 왕비 이야기와 잘못 태어나 폐비가 되어 비운을 맞는 왕비를 서술해 보았다. 또한 조선왕조의 정치에 참여하면서도 문학의 발자취를 남겨 조선시대를 꽃피운 여덟 문학인을 꼽아보았다

하권에서는 지배층의 정권다툼에서 사림들이 정론을 주장하다가 큰 화를 당하는 것과 차별정책에 불만을 품고 난을 일으켜 국력이 소모된 사실들을 서술해 보았다. 집권층의 오판으로 외환을 불러들여 조선왕조가 위기에 봉착한 예, 의리와 명분을 갖고 조선을 이끈 분당, 학파와 유교이념으로 불사이군의 충절을 지킨 사육신, 생육신을 다뤄 조선왕조의 500년을 지탱해온 역사적 인물 등을 소개하였다.

우리가 지난 역사를 알고자 하는 것은 결국 오늘을 바로보기 위함이다. 우리 역사에 대해 비관적이고 수치스럽게 생각한다는 것은 오늘을 부정하여 민족의 미래마저 비관적으로 바라보게 되는 일이다. 이 책에서 쉽고 재미있게 실록과 야화를 같이 서술하여 조선시대 사람들의 가치관과 정서를 접하게 하며 역사를 이해하는데 조금이나마 도움이 되기를 간절히 소망해 본다. 이 글을 쓰기 위해 몇 년간 책을 읽고 현장을 찾아서 깊은 관심과 역사의식을 가지게 되었으나 아직도 부족한 점이 많다.

이 책이 나오기까지 원고를 수정해 주시고 보완해 주신 박경룡 서울역사문화포럼 회장님께 감사를 드리고, 집필하는 데 밤낮으로 애써 준 박정희 양에게 고마움을 표하며 어려운 출판 사정 속에서도 흔쾌히 이 책을 발간해준 수서원 손광춘 사장에게 감사드린다.

2008년 3월 11일 지은이 정기용 씀

『허공에 맴도는 조선인의 그림자』(책머리에)

'인생칠십고래희(人生七十古來稀)'라는 말이 있다. 두보(杜甫)의 곡강시(曲江時)에 나오는 구절로 인생 칠십을 가리키는 말이다.

정신 없이 앞만 보고 달려오다 보니 벌써 칠십의 문턱에 다달았다.

내 삶을 돌아보면 일제암흑기에 태어나 제대로 먹지도 못하고 보호도 받지 못하면서 8·15광복을 맞았다.

학교 가는 길이 멀어 배를 타고 강을 건너야 했으며 장마가 지면 기찻길과 위험한 철교를 건너야 했다. 다행이 집 근처 학교가 설립되어 마음놓고 공부 할 수 있겠다는 희망도 잠시 6·25사변이 일어나 피난과 굶주림에 학년만 채운 채 중학교에 입학했다

전란과 휴전상태에서 사범학교를 졸업하고, 첫 부임지인 심심산골 영춘에서 새소리·물소리 들으며 사회의 첫 출발이 시작되었다.

멸공을 국시로 삼은 이승만 정권이나 반공을 국시로 삼고 민생고를 시급히 해결하여 잘살아 보자고 외치던 박정희 정권 때 나는 가난과 싸우며 동분서주하였다.

식구들 건사하기에 급급하여 옆도 보지 못한 채 청춘을 보내고, 이제는 딸을 출가시키고 아들 결혼시켜 오랜만에 삶다운 나의 삶을 찾았다.

내 나이 꺾어진 140이라 지금에 와 생각하니 갈 길은 짧고 할 일은 많은데 어느 것 하나 제대로 남겨놓지 못하고 오늘에 이르렀다.

황혼에 접어들면서 비로소 그동안 마음으로 느끼며 읽고 쓰기를 좋아했던 글들을 남겨놓아야 되겠다는 생각이 들었다. 바쁘게 살아온 삶에서 후회스런 일도 있었지만, 여생을 책과 더불어 읽고 쓰며 살겠노라 다짐해 보았다.

역사에 관심을 갖고 유적(遺跡)의 현장을 찾아 공부하고 느낀 것을 글로 쓰니 큰 보람이요 기쁨이 아닐 수 없다.

『허공에 맴도는 조선인의 그림자』라는 제목을 붙여 '역사에세이집'을 만들고 나니 한편 마음이 뿌듯하고 또한 부끄럽기도 하다.

수필은 심성을 바르게 인도해 주는 글이며 삶의 진정성을 깨닫게 해주는 감로수처럼 달콤한 맛과 행복이 깃든 글이라고 느낀다.

나는 인생을 알차게, 마음을 편안하게 가지고 살아야 아름다운 생의 가치를 얻는다는 진리를 터득하였다. 더불어 글로 남기는 일은 더욱 값지기에 고희를 맞는 올해가 새로운 인생의 출발이자 첫걸음이라는 생각으로 작품을 완성했다.

때로는 내 삶의 끝자락에 다다른 이 시점에서 돌아보니 어떤 일은 '참 잘했구나!' 하는 생각이 들어 미소를 짓고, 어떤 일은 '그때 그렇게 했더라면 더 좋았을 걸!'하는 후회도 해보았다. 어찌 되었건 세상과 작별을 고할 때까지 후회와 미련을 남기기보다는 내 인생에 좋았다.'라고 생각할 수 있는 삶을 갖기 위해서는 계속 글과 친해보려고 한다.

인생에 정답은 없겠지만 그래도 내 인생에 후회 없이 살았다고 생각할 수 있는 마음만은 크게 가졌다.

내가 베풀어야 할 부분이 있다면 그 뜻이 지극히 작다 할지라도 지금 당장 실천해 보겠다는 의지로 밀고 나가리라 다짐해 본다.

이 글을 쓰기 위해 '서울문화사학회'와 '서울역사문화포럼'이 주최하는 유적답사를 통해 역사의 현장을 수 없이 찾았으며 다른 사람의 글과 문헌도 참고로 하였다.

이규태 코너를 스크랩해 두었는가 하면, 김삼용 씨의 〈동방의 등불 한국〉이라는 글을 참고했으며, 중요한 내용을 메모해 두었다가 평상시 느끼고 생각한 것을 글로 나타내어 보았다.

이 책에서 조선인의 삶과 예부터 내려온 야화, 시들어가는 우리나라의 상징적 존재 다섯 가지, 조상들의 생활풍습과 선인들의 발자취를 그려보며 또한 나의 추억도 더듬어 보았다.

필자는 수필과 시문학을 공부하면서 마음의 여유와 아량이 생겨 계속 글을 써왔다. 이 일이 내가 늦게나마 가야할 길이고 풍부한 삶을 가져온다고 믿기 때문이다.

이 글을 쓰기에 끊임없는 지도와 원고를 수정하고 보완해주신 수필가 박도영 선생님께 감사를 드리며 어려운 출판 사정 속에서 흔쾌히 이 책을 발간해준 북코리아 이찬규 사장님께 고마움을 표한다.

2008년 7월 장안동 서재에서

정 기 용 씀

『떨어지는 나뭇잎에도 무게는 있다』라는 표제 아래에서(책머리에)

산수(傘壽)를 바라보는 삶의 문턱에서 지난날의 여정(餘情)을 돌아본다.

내 인생의 총체적 삶의 모습을 '수필'이라는 문학 장르를 통하여 그려보려고 뒤늦게 써온 글이다.

문학의 세계에는 인생과 마찬가지로 정답이 없기에 오히려 많은 해답의 실마리가 깃들어 있으며, 인간 정신을 일깨우는 드넓은 지평이 열려진다고 본다. 그래서 문학은 아름답다.

글을 읽고 쓴다는 행위는 가치 있는 인생 체험에 동참하는 일이 아닐까싶다. 흐르는 세월 속에서 매순간 스쳐가는 생각과 느낌이 감성을 스칠 때마다 나는 자연스레 붓을 들었고 그 순간들이 기뻤다.

글로 표현하는 행위는 결코 쉬운 일이 아니다. 하지만 글을 쓸 때면 젊음을 되돌리고 내 생애 최고의 순간들에서 '기쁨'이라는 차원을 넘어 보람으로 채워지는 기분이었다. 또한 나의 생활을 보다 유연하고 탄력 있게 가꾸어 나가는 창조적인 일이며 자신감까지 키워주었다.

고희를 맞으면서 『조선왕조 500년 역사이야기』와 『허공에 맴도는 조선인의 그림자』 에세이를 출간한 지 5년이 흘렀다.

나는 역사라는 학문에 깊이 빠져 조상의 흔적을 찾고 선조들의 삶을 그려보며 옛 선인들의 생활상을 그린 세 권의 책을 출간했으나, 이번의 수필집에는 충실하게 살아온 내 삶의 모습이 편편이 담겨 있다.

추억의 뜰에서 사색에 잠기기도 하고, 어느 때는 슬픔의 그늘에서 눈물을 흘렸으며, 또한 병마에 시달려 고통 속에서 신음하며 쓴 글도 있다.

수필은 깨달음을 주는 문학이다.

생활 속에서 진정성을 발견하기도 하고, 심성을 바르게 인도해 주었으며 마치 감로수처럼 달콤한 인생의 맛과 행복이 깃든 글이라는 것을 새삼 느낀다. 표제는 자연의 섭리를 생각해 보며 『떨어지는 나뭇잎에도 무게는 있다』라는 제목을 붙였다.

봄은 만물이 태동하여 시작을 알리는 희망이요, 여름은 그 기운이 왕성하여 녹색의 향연을 내뿜고 힘차게 뻗는다. 가을은 나뭇잎이 떨어지는 계절이다.

나는 황금 들판을 걸으며 한 잎 두 잎 떨어지는 풍경 속에서 인간도 자연의 일부라는 생각에 자신의 존재가 한 없이 작아지며 숙연해질 따름이다.

팔십을 바라보는 인생 고갯길에서 낙엽 지는 만추의 계절을 맞을 적마다 모든 욕망이 사라진다. 떨어지는 잎처럼 비록 인생의 끝자락에 당도했지만 그래도 희망의 끈을 놓지 않고 이미 늦었다고 느낄 때가 가장 빠른 때라는 역설을 새삼 되새기며 오늘을 후회 없이, 내일을 알차게 살아보자는 마음을 가져본다.

57편의 글에서 나의 생을 진솔하게 그려보았다. 책의 제목이 내 삶의 여정을 압축한 어휘지만, 그 속에는 지나온 발자취와 내 인생 편력과 여정을 남기겠다는 심정으로 작품들을 완성했다.

이 글을 쓰기까지 원고를 수정하고 보완해 주신 수필가 박도영 선생께 감사드린다. 또한 나의 평생 동반자로 희로애락을 함께하며 음양(陰陽)으로 뒷바라지해 준 아내에게 고마운 마음을 표현한다.

2013년 3월 5일 저자 씀

『역사·문화의 숨결』(책머리에)

필자는 역사를 통하여 삶에 대한 지혜를 살펴본 나의 인생 여정을 깊게 생각해 본다.

오랜 세월을 거쳐 지나온 우리 민족의 발자취를 되돌아보고, 내가 선 위치에서 더 나은 미래를 향해 필자는 일찍부터 역사에 관심을 가졌다.

선인들의 슬기를 찾아보기 위해 전국으로 역사적인 현장을 발로 밟을 때마다 어쩌면 역사와는 마치 숙명적 관계 같다는 생각이 들어 내 마음은 흐뭇했다.

필자는 20여 년 간 전국 곳곳에 묻혀있는 문화재를 답사하여 보고 들으며 문헌을 찾아 글을 썼다. 역사를 모르는 사람들에게 내 글을 보고 독자로 하여금 지루하지 않고 재미있게 읽으며 역사에 대하여 새로운 이해를 갖도록 시도해 보았다.

인생칠십고래희(人生七十古來稀)라고 70에 『조선왕조 500년 역사 이야기 상·하』와 『허공에 맴도는 조선인의 그림자』라는 역사에 얽힌 책 3권을 출간했다.

산수(傘壽)를 바라보는 문턱에서 희수(喜壽)를 맞아 네 번째 역사이야기 『역사 문화의 슬기』에 대한 산문(散文)을 쓰고 보니 한편 기쁘기도 하지만 세월이 무척 빠름을 느낀다.

황혼에 접어들면서 이 글만은 꼭 남겨놓아야 되겠다고 느껴 그간 많은 유적을 답사하면서 선인들의 지혜와 삶을 기록할 때마다 생활의 큰 보람이요, 또한 기쁨이 아닐 수 없었다.

곳곳을 누비며 답사할 적마다 선인(先人)들 생활에 대한 흔적의 밝은 면을 찾을 때는 기쁨이 배였고, 수치스럽고 지혜롭지 못한 면을 볼 때는 슬픔과 안타까움을 갖게 했다.

필자는 역사를 공부하면서 새로운 사실을 알게 될 적마다 조선인들의 은근하고 끈기 있는 삶이 내게 희망과 보람을 갖게 해준다는 점을 느꼈다.

삶의 진정성을 깨닫게 해주고 감로수처럼 달콤한 맛과 흥취 있는 멋이 나의 역사관을 깊이 성찰하게 한다는 생각마저 들었다.

역사는 무엇보다도 지적인 탐구다. 지난 일을 돌아볼 때 부끄러운 역사가 반복되지 않게 해야 된다고 믿는 마음이 굳건해진다. 우리는 지난 역사를 통하여 과거의 시행착오를 거울삼아 현재 우리가 어디로 가고 있는지에 대한 판단도 할 수 있게 한다.

발전하는 시대에서 역사와 문화는 동서고금을 막론하고 '옛것을 익히어 새 지식이나 견해를 찾아내는' 온고지신(溫故知新)이란 명제(命題)가 아닌가싶다.

역사란 책에서 전해오는 이야기에만 있는 것이 아니라 미래를 이어가는 고리로써 선현들의 생애(生涯), 사상(思想), 학문(學文), 생활철학(生活哲學), 예술적 업적(藝術的業績) 등이 현재를 비춰주는 등불이 되고 있다. 그러기에 내가 역사를 더 좋아했는지도 모른다.

필자는 이 글을 쓰면서 조선인의 지혜(知慧)와 생활(生活)에 대하여 외자(一字)만을 찾아 글을 완성하고, 수필 형식의 감정(感情) 표현으로 선인들의 발자취를 그려보았다.

수필과 시 문학을 공부하면서 역사의 현장을 찾아 답사하고 연구하며 글을 쓸 때면 마음의 여유와 아량이 생겼다. 그러기에 건강이 허락할 때까지 계속 글을 쓰는 것이 황혼의 풍부한 삶을 가져오게 한다는 철학으로 긍지를 가지고 더 나은 미래를 향해 행복한 마음을 가지기로 다짐한다.

우리가 지난 역사를 알고자 하는 것은 오늘을 바로보기 위함이다. 이 글에서 쉽고 재미있게 야화도 같이 서술하여 조선시대 사람들의 가치관과 정서를 접하게 했으나 참된 역사의식을 갖는 데는 아직도 부족한 면이 많다.

이 책이 나오기까지 물심양면으로 발간에 힘써 주신 수서원 손광춘 사장님께 고마움을 표한다.

2015년 5월 15일 장안동 서재에서

〈광나루문학〉 발전을 기대하면서

문학은 가치 있는 인생 체험의 기록이라고 합니다.

그 세계에는 인생과 마찬가지로 정답이 있을 수 없습니다. 정답이 없기에 많은 해답의 실마리가 깃들어 있다고도 할 수 있겠지요. 여기에 인간 정신을 일깨우는 드넓은 지평이 열려집니다. 문학작품을 읽는다는 것은 바로 이 같은 '가치 있는 인생체험'에 동참하는 일이요, 인생을 보다 유연하고 탄력 있게 가꾸어 나가는 창조적 행위이기도 합니다.

문학은 인류의 꿈이요, 이상이며 영원한 삶의 둥지라고 생각합니다. 또한 문학은 내용뿐만 아니라 표현을 위한 자기와의 치열한 싸움이라 하겠지요.

구태의연한 사고에서 벗어나 참신한 창작력 없이는 무의미하기 때문입니다.

오랫동안 마음으로만 가꾸어 오던 글쓰기를 늦은 나이에 접어들어 시작하면서 하루하루가 행복하다는 느낌을 맛봅니다.

수필은 인간이 체험한 삶의 모습들을 진솔한 마음으로 표현하며, 담백하게 그려내는 문학이지요. 그러기에 '독자에게 감동을 주는 글'

이라는 의미에서 깊은 책임감을 느끼게 됩니다. 또한 자신을 드러내는 문학이기에 독자에 대한 최소한의 예의도 필요하고, 독자층의 마음까지 배려하는 의무감에 신중을 기하게 됩니다.

생각과 느낌을 글로 표현하는 것이야말로 젊음을 되돌리고, 마음 속에 자신감을 키워주며 나의 생애 최고의 순간들을 기쁨으로 채워 주었습니다.

문학을 하면서 여러 곳을 답사할 기회가 있었습니다. 그럴 때마다 예전에는 단순하게 보이던 사물들이 문학을 한 이후, 이제는 정서까지 느끼게 되어 나의 마음이 순화된 경지에 이르렀음을 느낄 수 있습니다.

2006년 '광진문화예술회관'에서 수필창작반이 창립되어 모인 회원을 주축으로 〈광나루〉 문학이 탄생한 지도 어언 5년이 되었습니다. 많은 회원들이 월요(月曜) 수상(隨想) 연수(硏修)에 힘입어 실력을 함양하였습니다.

신인상을 통해 한국문단에 등단한 회원이 10여 명, 광나루문학이 명실 공히 훌륭한 문학지로 발판을 굳혀가고 있습니다.

올해, 임진년에 용처럼 높은 하늘을 날아 광나루문학이 한국문단에 튼튼한 초석이 되기를 바랍니다. 아울러 회원들의 현장감 넘치는 수필활동, 유적답사, 문학기행 등 폭넓은 독창적 창작활동이 되도록 노력하며 크게 발전하기를 기원해 봅니다.

그간 광나루문학이 크게 성장할 수 있도록 지도해 주신 박도영 선생님께 감사를 표하며, 어린나무가 튼튼한 거목으로 자랄 수 있도록 여러분의 격려와 채찍이 있기를 기대해 봅니다.

2012년 『광나루문학』 제5집 서문

도약(跳躍)하는 문학협회를 희망하며

사람들은 지난해를 보내면서 다사다난(多事多難)한 해였다고 말합니다.

그러나 계사년 뱀의 해에 〈광나루문학〉은 알차고 값 있는 한 해였다고 자부합니다. 회원들의 문학활동이 어느 때보다도 한층 어필되었으며 세 사람이 수필집을 출간하였습니다. 또한 카페도 활성화되어 많은 문인들이 찾아오고 가입하여 명실 공히 광나루문학회가 도약의 발판을 굳혀가고 있습니다.

아름답고 활기에 찬 문학회가 탄생한 지도 8년이 되었고, 금년 청마의 해에는 문학지 6집을 출간하게 되었습니다.

그간 월요수상으로 문학을 갈고 닦으면서 글쓰기에 치중한 노력을 생각해 봅니다. 글을 읽고 쓴다는 행위는 가치 있는 인생 체험에 동참하는 일이요, 또한 자신의 삶을 유연하고 탄력 있게 가꾸어 나가는 창조적 활동이며 행복한 삶을 동반한다고 감히 말씀드려 봅니다.

수필은 진솔한 자기 삶의 체험을 바탕으로 한 문학이기에 어떤 장르보다도 독자의 교감이 친근합니다. 자신의 삶에 대한 참신하고 독특한 소재를 개성적으로 표현하여야만 독자에게 감동과 재미를 줄

수 있으며 사랑을 받는다고 생각합니다.

올해는 청마(靑馬)의 해로 청색은 음양오행 중 갑·목(甲·木)에 해당합니다.

목(木)은 계절로는 봄이요, 하루로는 아침입니다. 방위는 동쪽이요, 인생에서는 소년기입니다. 새싹이 돋는 봄, 잠에서 깨어나 활동을 시작하는 아침, 희망의 첫출발입니다.

말은 예로부터 귀신을 몰아내고 인간을 수호하는 신성한 동물로 여겨왔습니다. 말의 상징은 무엇보다도 박력과 생동감에 있습니다. 옛날에는 소를 탄다는 것은 세사(世事)나 권력에 민감하게 굴지 않는 것을 의미했지만, 말을 탄다는 것은 권력과 권위의 상징으로 비췄습니다.

청마는 드높은 기상의 활력이 넘치는 동물로 꼽힙니다. 그래서 갑오년이 역동적인 한 해가 될 것이라고 예측합니다.

청마의 강한 에너지가 우리 광나루문학회 회원들의 활동에 큰 변화를 줄 것이라 생각해 봅니다. 말의 힘과 스피드, 우람한 근육, 충성심을 사랑하는 우리 민족은 말과 함께 융성했고, 행운과 성공의 상징이 되기도 합니다.

그래서 갑오년은 성격이 곧고 진취적이며 활달한 특징과 행운을 가져다 주는 의미를 부여한다고 합니다.

금년 청마의 해에 저는 광나루문학 회원들을 주축으로 현장감 넘치는 문학활동과 유적답사, 문학기행 등 폭넓은 견문을 쌓아 힘차게 활동을 했으면 하고 염원합니다.

그간 광나루문학이 크게 성장할 수 있도록 지도해 주신 박도영 선생께 감사를 표하고, 회원 간 서로 친목하며 격려하여 사랑과 우정이 넘치는 문학회가 되기를 소망해 봅니다. 꿋꿋하게 달리는 청마처럼 끊임없이 힘차게 도약하는 한 해가 되기를 기대해 봅니다.

2014년 2월 『광나루문학』 제6집 서문

끝없는 여정(餘情)

을미년 양띠 해에 동인지 『광나루』 제7호 수필집을 펴내게 되어 기쁜 마음이 든다.

지난 일년 동안 우리 회원들은 끊임없는 창작열을 불태우며 열심히 글을 써왔다. 창작의 고뇌를 누구보다도 절감하기에 회원들은 열정적으로 배우고 틈틈이 습작하는 가운데 자신감을 키워 나갔다.

그 결과 몇몇 회원은 문집을 내는가하면 어느 회원은 고희를 넘긴 나이에 강렬한 창작의욕으로 자신의 문집을 서너 권 발행한 분도 있다. 누가 시키는 것도 아닌데 자기만의 경험과 생각을 표현하려고 부단히 노력한다.

회원들 모두 수필 공부를 하면서 자신의 작품을 완성하고 삶의 보람을 찾으려는 목적의식이 뚜렷하다. 한편 글을 읽고 쓴다는 의욕도 대단하지만 오랜 세월 동안 회원들 간 인정을 교류하다 보니 마음의 여유와 아량이 생기고 정신적 양식까지 풍부하게 되었다고 자부한다. 우리는 만나면 항상 즐겁고 행복한 기분을 느낀다. 그래서 자신의 가치를 추구하려는 열정으로 글을 쓰고 문집을 발간하는 회원들을 볼 때마다 칭찬과 격려의 인사가 저절로 나온다.

수필은 누구나 가벼운 마음으로 부담 없이 읽을 수 있는 문학 형태지만, 결코 만만하게 쓸 수 있는 글이 아니다. 많은 책을 읽어야 하며 생각의 폭이 넓어야 하고, 그때그때 메모하는 습관을 필요로 한다.

또한 수필은 독자와의 교감이 친근하고 문화적 소양이 깊으며 아름다운 마음을 표출하기에 우리 생활과 가장 적합한 문학이라고 본다.

요즘에는 어떤 장르보다도 수필을 쓰고자 하는 분들의 수가 날로 증가하여 바야흐로 수필 전성시대를 맞은 것 같다. 시대적 추세에 힘입어 수 많은 전문지와 수필 동인지가 창간되고 이에 비례하여 신진 수필가도 양산되고 있다. 이럴 때일수록 우리는 양보다 질 높은 글을 써야 된다는 절박감이 든다.

금년은 을미년 육십갑자(六十甲子)의 서른두 번째에 해당되며 십이지(十二支)로는 여덟 번째 해당되는 양(羊)띠 해다.

역사적으로 을미년은 을미사변과 을미개혁 등이 일어난 해로 국내외적으로도 외세에 의해 시끄러운 해였다. 그리고 국내 정세도 불안과 시끄러움이 예상된다고 한다. 그러기에 금년 한 해를 양과 같이 다소곳하게 임한다면 큰 소득이 있다는 관측을 내놓기도 한다.

또 한편 을미년에는 예상보다 수입이 늘어나고 행운이 찾아오는 해라고도 한다. 각자 도약의 의미를 깨닫고 자신감 있게 처신하면 반드시 영광이 찾아오리라 믿어 의심치 않는다.

나는 회원들이 문학을 통해 삶의 아름다운 여정을 구현함과 동시에 긍정적인 생각을 바탕으로 건강을 잘 유지했으면 하고 기원한다.

그리고 문학적인 선한 마음으로 아름다운 미래를 자리 매김할 수 있도록 마음껏 역량을 넓히는 한 해가 되기를 간절히 소망해 본다.

2015년 『광나루문학』 제7집 서문

『광나루』 제8집을 출간하며

세월의 빠름을 실감하면서 지난해를 돌아봅니다.

광나루문학이 월요수상 수필 창작반에서 창간호를 출간한 지 엊그저께 같은데 벌써 8집을 내게 되었습니다. 그간 회원들이 열심히 글을 쓰고 실력을 연마하여 이제는 어엿한 중견작가로 활동하고, 개인 수필집을 낸 분들이 십여 명 넘습니다. 어느 한 회원은 매년 문집을 내어 느지막에 노익장을 과시한 경우도 있습니다. 또한 광나루문학을 거쳐 간 회원들이 100여 명을 헤아리며 다른 문학 단체에서도 크게 활동하여 여러 문학지에 실리는 현상은 정말 자랑스럽습니다.

그간 어려움도 있었지만 끈질긴 노력으로 지금은 광나루문학이 어엿한 연간 문학지로 자리매김하였다고 자부합니다. 이제는 어디에 내어놓아도 부끄럽지 않는 문학지로 손색 없이 성장하는 모습을 보이는데 우리 회원들은 최선을 다할 것입니다.

수필은 어느 장르보다도 체험한 삶의 모습을 진솔하게 표현하고 담백하게 그려내며 독자에게 감동을 주기에 매력 있는 학문이라고 생각합니다. 또한 자신을 들어내는 문학이기에 독자에 대한 최소한의 예의가 필요하고 읽는 사람의 마음까지 배려하는 의무감에서 신중을 기해 쓰기도 하지요.

필자는 늦게나마 마음으로만 글쓰기를 생각하던 것을 직접 쓰고 보니 이제는 자신감이 생기고 마음의 정서까지도 순화하는 계기가 되었습니다. 그러기에 내 생애 최고의 순간들을 기쁨으로 채워가며 글로 표현할 때면 하루하루가 즐겁고 행복감마저 느낍니다.

2015년 을미년은 역사적으로 을미사변과 을미개혁 등 국내외적으로 시끄러운 해에 불안한 조짐이 예상되었습니다. 생각지도 않던 '메르스'가 전국을 뒤흔들어 국민을 공포의 도가니 속으로 몰아넣어 몇 개월 동안 활동을 억제시켰습니다. 5월에 예약되었던 광나루문학 합동 출판식이 '메르스' 관계로 몇 번의 연기 끝에 7월에야 출판식을 가지기도 했지요. 우여곡절이 있었지만 어느 때보다도 보람찬 한 해였다고 자부합니다.

우리는 인생을 타인과 더불어 살아가면서 생산적이고 가치 있는 삶을 갖기 위해 무던히 애를 쓰고 있습니다. 시인은 시를 쓰기 위해, 수필가는 수필을 쓰기 위해 항상 여백을 잃지 않는 마음의 여유와 자신감을 갖고 살아간다고 봅니다. 수필은 만인의 글이라고 정의(定義)하기에 누구나 쓸 수 있다고 생각하지만 그렇다고 쉽게 쓰여지는 문학이 아니지요.

월탄 박종화 선생은 20세에 시를 쓰고 30세에 소설을 썼으며 40세에 수필을 쓴다고 했습니다. 피천득 교수는 수필은 '서른여섯 이후라야 쓸 수 있는 글'이라고 했습니다.

젊은 사람들의 글보다는 어느 정도 인생을 체험한 중년 이후의 글, 사고가 완숙한 인생의 고백이 아닐는지요! 우리 광나루문학 회원들의 평균 연령이 73세가 됩니다. 늦게나마 문학에 뛰어들어 글을 쓰면서 자기 수양을 가짐에 얼마나 자랑스럽고 기쁜지 모릅니다. 늦은 나이에 글을 써서 발표하고 작품을 감상하는 시간을 갖는 날이면 회원들 모두의 기쁜 얼굴 표정만 보아도 서로간의 정이 묻어 나온답니다. 날이 갈수록 각자가 글쓰기에 더욱 분발하는 열정과 의지 속에서 자신의 글이 일취월장하는 지도 모릅니다. 이 모든 것이 지도 강사의 열성이 있었기에 가능합니다.

앞으로 회원 모두가 건강한 몸과 마음으로 수필에 심취하여 좋은 글을 많이 창작하며, 한국 문학에 제일가는 문학지로 거듭나기를 진심으로 기원해 봅니다.

2015년 『광나루』 제8집 서문

『광나루』 제9집을 상재하며

올해는 유난히도 무더운 여름을 보내고 난 뒤 황금물결이 일렁이는 가을을 맞았습니다.

가을바람에 한들거리는 코스모스를 보노라면 세월의 빠름을 실감하며 병신년 '원숭이해'에 광나루 9호를 펴내게 되어 무한한 기쁨을 느낍니다.

우리 회원들은 매월 격주 월요일마다 자기 작품을 읽고, 지도 선생님으로부터 수강을 받으며 돈독한 우정을 쌓고 있습니다.

수필은 문학의 다른 장르보다는 큰 관심을 받지 못한 감이 있습니다. 하지만 인생을 돌아보며 추억을 반추하고 새로운 삶에 대한 발전과 긍정적인 사고를 얻을 수 있다는 면에서 타의 추종을 불허할 정도로 순수한 문학입니다. 20세기 후반에 이르러서는 미래 문학으로 크게 각광을 받으며 많은 수필 작가와 작품이 배출되어 '수필중흥시대'를 맞고 있습니다.

수필은 진솔하고 담백한 내용의 고백 문학입니다.

회원들이 써온 글을 읽을 때마다 자기 삶의 애환과 인생 여정을 나타낼 때면 서로 이해하고 큰 감동을 받습니다. 또한 인생살이의 희노애락(喜怒哀樂)이 총망라되어 누군들 다 경험할만한 내용으로 우리 삶의 다양성이 펼쳐집니다. 그러기에 서로 격려하고 다듬으며 웃기도 하고 이해하며 감싸기도 합니다.

21세기를 살아가면서 각박한 세상에 수필이라는 작품을 창작하기 위해 항상 여백을 잃지 않는 마음의 여유를 가졌으면 합니다.

파스칼은 일찍이 '사람은 생각하는 갈대'라고 말했지요. 사람은 공간적으로 한정된 존재지만 특히 문학인들은 사고함으로써 무한한 시간과 광대무변의 세계를 글로써 표현할 수 있는 가능성을 지녔습니다. 그런 자세가 바로 우리가 글을 쓰는 격(格)이라고 사념(思念)해봅니다.

금년 원숭이해는 붉은 잔나비로 인간과 가장 많이 닮은 동물로 갖가지 만능 재주꾼이라고 합니다. 자식과 부부 간의 극진한 사랑을 받는 동물로 인간을 빰칠 정도의 애정이 넘친다고 합니다.

중국에서는 건강·성공·수호(보호)의 힘을 갖고 있다고 숭배하고, 지혜와 잔재주를 겸한 원숭이로 필요에 따라 임기응변의 표현이 뛰어나다고 합니다.

이러한 해에 회원들이 글을 쓰면서 왕성한 활동을 하나 한편으로는 고희를 넘긴 회원들이 많다보니 건강에 이상이 생겨 작품활동에 위축이 생길까봐 지극히 걱정이 되기도 합니다. 그러나 끈임 없는 창작활동을 불태우면서 글을 써왔고 산수를 바라보면서 배움의 열정을 보이기도 했습니다.

'나이는 숫자에 불과하다'는 상념을 믿고 열심히 글쓰기를 기대해 봅니다. 또한 원숭이의 해에 우리 회원들이 잔나비 기질을 닮아 건강하고 성공적인 작품 활동으로 자신을 돌보는 한 해가 되기를 바랍니다.

금년에는 우리 회원들이 친목과 견문을 넓히기 위해 2개월에 한 번씩 야외 나들이를 하면서 KBS방송국·청와대 및 유적지 등을 찾으며 친목을 도모했습니다.

또한 백제기념관을 찾아 삼국시대 조상의 얼을 보았으며 서오릉과 선·정릉을 답사하면서 조선 왕들의 생활과 애환을 느꼈습니다. 금년 가을에는 문학기행을 하면서 칠장사·한택식물원·미리내성지·와우정사 등 현장을 찾아 역사의 흐름을 알고 글의 소재도 찾아보았습니다.

1년의 이러한 활동이 수필 문학에 성숙과 친목을 도모하였으며 광나루문학을 더 한층 돋보이게 하는 기회가 되었다고 봅니다.

우리 회원들이 늦은 나이에 무엇보다도 건강을 챙기며 열심히 읽고 쓰면서 수필과 친해진다는 마음 속에 보람 있는 결실을 맺기 바랍니다.

2016년은 뜻 있는 한 해였다고 자부하면서 수필 문학의 길로 계속 정진해 아름답게 마무리 해주기를 기원해 봅니다.

2016년 10월 25일 『광나루문학』 제9집 서문

〈광나루문학〉의 여명(黎明)

‘광나루문학회’가 탄생한 지 올해로 10년이 되는 해다.

십년이면 강산도 변한다는데 월요수상 광나루호로 시작하여 어엿한 문학 단체로 성장해온 지 10년을 맞이한다.

우리 회원들이 공동체 의식 속에서 한결같이 정을 쌓고 적극적인 노력으로 배움을 갖고자 모였다. 날이 갈수록 친목을 도모하면서 수필이라는 장르를 갖고 한 가족같이 우정을 쌓으며 매진했다. 또한 수필 강의시간은 물론 언제 어디서나 웃으면서 만남의 인간관계를 갖고 지금까지 새로운 정보와 지식을 얻는데 힘써 왔다.

그래서 회원들은 자신의 가치를 추구하려는 열정으로 글을 쓰고 문집을 발간하는 회원들을 볼 때마다 칭찬과 격려의 인사가 저절로 나와 항상 즐겁고 행복한 기분을 갖게 한다.

수필은 어느 장르보다도 삶의 체험을 진솔하게 표현하고 담백하게 그려내며 독자에게 감동을 주기에 매력 있는 학문으로 긍지를 갖고 글 쓰는 의무감에 신중을 기한다.

필자는 수필 공부를 하며 마음으로 글쓰기를 생활하고 자신감 속에 마음의 정서까지 순화하는 계기를 가지며 행복감을 갖는다. 늦은 나이에 수필을 통해 생애 최고의 순간들을 기쁨으로 채우기 위해 글로 표현하면서 한 권의 책이 나올 때마다 즐겁고 벅찬 희열감을 느낀다.

10년을 되돌아 보면 광나루문학 단체가 수필이라는 학문으로 만남의 인연을 갖고 여러 가지 행사를 가지며 지금까지 발전해 왔다. 작고한 문학인들의 문학성을 알기 위해 문학관도 찾았고, 글의 소재를 찾아 화합을 위해 문학기행도 가졌다. 옛 선인들의 흔적을 알기 위해 역사기행도 21회나 답사했다.

또한 낭만의 시간을 갖기 위해 야외나들이도 하였으며 우정을 돈독히 하기 위해 회원 생일에 조촐한 다과회도 가졌다.

회원들의 식견을 넓히기 위해 각종 세미나도 참석하고, 유명 교수의 수필 특강도 가졌으며 참신한 문학단체로 거듭나기에 각고의 노력을 해왔다.

올해는 정유년 붉은 닭의 해다.

예부터 닭은 다섯 가지 덕(五德)을 갖춘 덕금(德禽)으로 인간에게 사랑을 받아왔다. 문(文)·무(武)·용(勇)·인(人)·신(信)으로 두유재관(頭有載冠) 머리에 관(벼슬을 상징)을 쓰고 있으니 문(文)이요, 족유맹거(足有猛距)라 발에는 날카로운 발톱이 있으니 무(武)요, 견유상투(見有相鬪)라 적을 만나 물러서지 않고 죽을 때까지 싸우니 용(勇)이요, 견식호군(見食呼郡)이라 먹이가 생기면 혼자서 먹지 않고 함께 먹으니

인(人)이요, 명불실시(鳴不失時)라 밤을 지키며 때를 놓치지 않고 "꼬끼오"하고 울어 만천하에 때를 알리니 신(信)이라 했다.

닭은 인간에게 아낌없이 모든 것을 주면서 행복과 투지력을 주는 길조(吉兆)라 한다.

희망찬 2017년 정유년은 닭의 5덕으로 대한민국의 평화와 안정 속에 붉은 닭의 힘찬 기상과 기운을 받아 광나루문학이 일취월장(日就月將)하기를 희망해 본다. 또한 회원들의 끊임 없는 노력으로 문학인으로서의 소망을 이루기를 기대하며 행복하고 즐거운 한 해가 마무리되기를 기원해 본다.

2017년 『광나루』 제10집 서문

『달섬문학회』 발전을 기대하면서

하나에 하나를 더하면 둘이 아닌 예측 불허의 수치가 나올 수 있는 세계가 인간 삶이다. 문학도 마찬가지다. 문학은 곧 인생 그 자체이기 때문이다. 오랜 역사를 이어오면서 쌓인 삶의 총체적 모습이 담겨 있어 문학은 가치 있는 인생체험의 기록이라고 한다.

문학 작품을 읽고 쓴다는 것은 바로 가치 있는 인생 체험에 동참하는 일이요, 자기 인생을 보다 유연하고 탄력 있게 가꾸어나가는 창조적 행위이기도 하다. 그런데 이러한 문학이 TV나 인터넷, 스마트폰과 같은 정보의 홍수 속에 침몰해 가고 있다. 우리는 지식의 민주화된 시대, 정보가 일반화된 시대에 살고 있다. 또한 전공자뿐만 아니라 뜻을 가진 사람이 전공자가 되는 시대를 맞고 있다.

세상은 온통 남의 이야기로 가득 차있다. 우리는 이제 나의 생각과 느낌을 표현해야 된다. 그것이 우리가 21세기를 살아가며 헤쳐나가야 할 우리의 과제이기 때문이다. 또한 이것이 바로 우리의 글을 쓰는 격(格)이라고 생각한다. 시인들은 시를 쓰기 위해서 아름다움과 꿈을 추구하는 순수한 마음이 필요하다. 각박한 세상을 살면서 항상 여백(餘白)을 잃지 않는 마음의 여유와 자신을 가져야 한다.

올해 임진년 흑룡의 해는 뜻 깊은 한 해가 될 것 같다. 『달섬문학』이 탄생한 지도 10년째 접어들고 있다. 10년이면 강산도 변한다는데 그만큼 긴 세월을 계속 정진하며 성장해 왔다. 2003년 11월 시낭송을 처음 시작해서 2012년 3월로 100회를 맞는다. 또한 동인지 『달섬문학』도 희망의 숫자 일곱 번째 출간을 갖는다.

용은 천간 12지 동물 중에 오직 하늘을 날 수 있는 유일한 동물이다. 용은 일곱 마리의 동물을 담고 있다. 얼굴은 낙타, 뿔은 사슴, 눈은 귀신, 몸통은 뱀, 머리털은 사자, 비늘은 물고기, 발은 매, 귀는 소를 닮았다고 한다. 또한 용은 상징적 동물로 60년 만에 한 번 돌아오며 물을 표상하는 동물로 평화, 행복, 발전의 의미를 부여하기도 한다. 이 용의 해에 달섬문학 동인들이 주축이 되어 현장감 넘치는 시작 활동, 역사유적 답사, 문학기행 등 폭 넓은 견문을 쌓아 높은 하늘을 날아 힘찬 활동을 했으면 한다. 또한 달섬문학회가 100회 시낭송과 함께 시화전 동인지 7집 발간의 여력을 통해 대망의 한 해가 되기를 소망해 본다.

앞으로 계속 창조적인 상상력을 분출하는 시작 활동이 되도록 노력과 동시에 무한한 희망 속에 크게 성장하기를 기원해 본다. 또한 어린 나무가 튼튼한 거목으로 자랄 수 있도록 여러분들의 격려와 채찍이 있기를 거듭 기대해 본다.

2012년 『달섬문학』 제7집 서문

『달섬문학』 8집을 내면서

문학작품을 읽고 쓴다는 것은 가치 있는 인생체험에 동참하는 일이라고 생각합니다. 또한 자기 삶을 유연하고 탄력있게 가꾸어 나가는 창조적 행위요, 발전적 삶을 누리기 때문이기도 합니다.

우리는 자기 작품을 매월 말 1회 낭송하면서 우정을 돈독하게 하며 질적인 작품을 생산합니다. 요즘 시 낭송뿐만 아니라 수필 낭송 등 낭송 모임이 유행하지만 낭송의 본령은 시가 아닌가 생각합니다. 좋은 시를 낭송하거나 듣는 것은 행복한 일입니다. 낭송문학이 이 시대에 필요한 표현 예술이기에 더욱 그러합니다.

한 해를 지나는 길목에서 우리는 '항상 다사다난한 해'라는 말을 씁니다.

지난 임진년은 바쁘고 뜻 깊은 한 해를 보냈습니다. 100회기념 시낭송과 함께 회기역에서 시화전을 펼쳤고 『달섬문학』 사화집 7집을 해산하느라 무척 바빴습니다.

올해 『달섬문학』 8집을 출간하면서 우리 회원들이 문학의 길로 계속 정진해 주기를 바라면서 노력하는 한 해가 됐으면 합니다.

우리는 인생을 남과 더불어 살아가면서 생산적이며 가치 있는 삶을 갖기 위해 무던히 애를 쓰고 있습니다. 시인들은 시를 쓰기 위해 아름다움과 꿈을 추구하는 순수한 마음이 필요하고, 항상 여백을 잃지 않는 마음의 여유와 자신감을 가져야 한다고 봅니다.

올해는 계사년(癸巳年) 뱀의 해다. 뱀은 12지에 6번 째 동물로 계(癸)는 하늘에 올리는 '제사'를 뜻하는 상서로운 의미요. 사(巳)는 몇 가지 상징적(象徵的)인 의미를 지니고 있습니다.

첫째 지혜(知慧), 둘째 다산(多産)과 풍요(豊饒), 셋째 재생(再生)과 불멸(不滅), 넷째 재앙(災殃)의 예고자(豫告者)의 뜻을 내포하고 있습니다.

우리 문학인들은 계사년에 뱀이 가지고 있는 선악을 분별하는 지혜와 이성의 능력을 우리 모두가 배워 우리 사회에 구악을 일소하고 맑고 밝은 사회를 만드는데 앞장서야 한다고 봅니다.

뱀의 긍정적 이미지가 풍요의 상징이기에 모든 문학인들은 이 땅에 사는 보람을 누릴 수 있는 덕망을 쌓아 풍요로운 생활 속에 여유 있고 안정된 글을 써야 되지않나 싶습니다.

박근혜 정부가 탄생한 시점 국정지표의 하나인 '문화융성'에 힘을 모아 모든 문학인들이 문화대국으로 가는 길에 동참하고 한국 문학 발전에 크게 기여했으면 합니다.

또한 올 한 해도 어떤 재난과 재해도 없이 안심하게 문학생활을 할 수 있도록 다같이 노력하여 국민행복시대가 열리어 온 누리에 충만하기를 기원합니다.

뱀의 근성처럼 물러섬이 없이 계속 정진하는 마음으로 〈달섬문학〉 회원들이 좋은 시를 많이 써서 좋은 작품 생산하기를 간절히 소망해 봅니다.

2013년 『달섬문학』 제8집 서문

황혼의 여명

인 쇄 2018년 3월 20일
발 행 2018년 3월 30일

저 자 정 기 용
발행인 孫 光 春
인쇄처 圖書出版 修 書 院
발행처 서울특별시 성북구 삼선교로2길 7-3
TEL.765-0924~5, FAX.765-0927
E-mail suseowon@hanmail.net
등 록 1971.12.9. No.2-282

ISBN / 978-89-6798-047-4

〈정가 13,000원〉